Carl-Auer

Andrea Ebbecke-Nohlen

Einführung in die systemische Supervision

Siebte Auflage, 2025

Umschlaggestaltung: Uwe Göbel
Redaktion: Uli Wetz
Satz: Verlagsservice Hegele, Heiligkreuzsteinach
Printed in Germany
Druck und Bindung: CPI books GmbH, Leck

MIX
Papier | Fördert gute Waldnutzung
FSC® C083411
www.fsc.org

CPI klimaneutral
Mehr Bäume. Weniger CO_2

Siebte Auflage, 2025
ISBN 978-3-89670-462-7 (Printausgabe)
ISBN 978-3-8497-8234-4 (ePUB)

Bibliografische Information der Deutschen Nationalbibliothek:
Die Deutsche Nationalbibliothek verzeichnet diese Publikation in der Deutschen Nationalbibliografie; detaillierte bibliografische Daten sind im Internet über http://dnb.d-nb.de abrufbar.

Informationen zu unserem gesamten Programm, unseren Autoren und zum Verlag finden Sie unter: **https://www.carl-auer.de/**.
Dort können Sie auch unseren Newsletter abonnieren.

Carl-Auer Verlag GmbH
Vangerowstraße 14 • 69115 Heidelberg
Tel. +49 6221 6438-0 • Fax +49 6221 6438-22
info@carl-auer.de

Inhalt

Vorwort

Dieses Buch ist als praxisbezogene Einführung in die systemische Supervision gedacht. Es ist in 12 Kapitel untergliedert. In den ersten drei Kapiteln werden die theoretischen Grundlagen des systemischen Supervisionsansatzes aufgezeigt. In den weiteren Kapiteln wird die Praxis systemischer Supervision beleuchtet und anhand konkreter Beispiele erläutert. In der Entwicklung systemischer Supervision stehen Theorie und Praxis in einem Wechselverhältnis. Ähnlich verhält es sich in dieser Einführung. Ohne die Darstellung der Theorie würde der Zugang zum systemischen Denken nicht wirklich gelingen und würden in der Folge Haltung und Handeln in der systemischen Praxis nicht entsprechend verstanden werden können. Die systemische Praxis ihrerseits entscheidet darüber, was vom Theorieangebot für die Praxis nützlich und für die Lösung von Problemen brauchbar ist. Darüber hinaus trägt sie dazu bei, die Theorie weiterzuentwickeln, und hilft damit gewissermaßen, dem kantschen Einwand zu entgehen, dass die Theorie möglicherweise richtig sei, aber für die Praxis nicht tauge.

In dieser Einführung wird davon ausgegangen, dass Supervision als allgemeines Theorie- und Berufsfeld bereits einigermaßen bekannt ist, auch wenn sie sich erst in den letzten Jahrzehnten in der Begleitung von Kommunikations- und Veränderungsprozessen im modernen Berufsleben und in institutionellen Kontexten als Beratungswissenschaft und Beratungspraxis hat etablieren können. Dennoch wird der allgemeinen Entwicklung von Supervision einführend ein eigenes Kapitel gewidmet, ehe der systemischen Supervision alle Aufmerksamkeit gilt. Das Buch richtet sich folglich an Personen, die etwas über diesen spezifischen Supervisionsansatz erfahren wollen. Die Literatur dazu ist bislang rar. Um nicht missverstanden zu werden: Es gibt viele Publikationen, in denen wir etwas über Systemtheorie und ihre Weiterentwicklung, über systemisches Denken in unterschiedlichen Fachwissenschaften und Berufsfeldern sowie über einzelne systemische Ansätze erfahren können. Woran es eher mangelt, sind Einführungen, die in der Art eines breiten Überblicks über systemische Supervision als noch relativ junge Profession informieren, ihre theoretischen Grundlagen aufzeigen und ihre vielfältigen praktischen Anwendungsformen darstellen.

Gerade was den Gedanken der Vielfalt anbetrifft, vermag allein die stetig wachsende Nachfrage nach systemischer Supervision einen Eindruck davon zu vermitteln, wie breit die neue Profession inzwischen aufgestellt ist. Systemische Supervision wird u. a. im klinischen Bereich gesucht (Psychiatrie, Psychosomatik, Suchtbereich etc.), im psychosozialen (Beratungsstellen, Jugendhilfe, JVA etc.) und im pädagogischen Bereich (Schulen, Hochschulen, Erwachsenenbildung etc.), im forensischen (Justizvollzugsanstalten, Polizei etc.) und im kirchlichen Bereich (Pastoraltheologie etc.) sowie verstärkt auch im betrieblichen Kontext gewinnorientierter Unternehmen (Leitungssupervision, Coaching, Organisationssupervision, Unternehmensberatung und Personalentwicklung), schließlich in Politik, Justiz und Verwaltung.

Insbesondere auf Seiten von Institutionen, die nicht primär systemisch ausgerichtet sind, mehren sich die Nachfragen nach systemischer Supervision, da die Nützlichkeit des systemischen Ansatzes vor allem im schulenübergreifenden und multiprofessionellen Arbeitskontext in wachsendem Maße erkannt wird. Im Weiterbildungsbereich spielt systemische Supervision ebenfalls eine immer bedeutendere Rolle, was an der fortschreitenden Ausdifferenzierung mehrjähriger systemischer Supervisionscurricula in den zahlreichen systemischen Weiterbildungsinstituten zu erkennen ist.

Kennzeichnend für die systemische Supervision ist, dass sie sich entsprechend den jeweiligen Aufträgen an die spezifischen Erfordernisse der Beratungs- und Begleitpraxis anpasst, was eine entsprechend große Vielfalt der Supervisionsausrichtungen zur Folge hat. Hinzu kommt die beachtliche Variationsbreite in den Settings. Supervidiert werden Einzelne, Gruppen, Teams (Leitung und MitarbeiterInnen) sowie Organisationen. Weiterhin wird inhaltlich und formal zwischen Fall- und Teamsupervision, Intervision, Selbstsupervision und Supervision von Organisationen unterschieden. Schließlich kann Supervision auch in Form von Life-Supervision oder Konsultation erfolgen. Der Eindruck täuscht nicht: Systemische Supervision ist ausgesprochen vielfältig. Die vorliegende Einführung macht es sich zur Aufgabe, diese Vielfalt im Einzelnen darzustellen und einen umfassenden Überblick zu geben.

1. Was ist Supervision?

Auch wenn sich systemische Supervision in erster Linie dem systemischen Denken und Handeln verpflichtet fühlt, ist sie zunächst einmal Supervision. Insofern stellt sich im Folgenden die Frage, was überhaupt unter Supervision verstanden wird, welches ihre Ziele und Funktionen, ihre Ausrichtungen und Formen sind. Außerdem ist von Interesse, was Supervision von anderen Beratungsformen abgrenzt.

1.1 Definitionen und Ziele von Supervision

Eine erste Annäherung an den Begriff der Supervision bietet die folgende sehr allgemeine Definition: Supervision ist ein Weiterbildungs-, Beratungs- und Reflexionsverfahren für berufliche Zusammenhänge (Belardi 2005), in dem sich SupervisorInnen (professionelle BeraterInnen) und SupervisandInnen (professionelle Ratsuchende) begegnen.[1] Stichwörter sind also Weiterbildung, Beratung, Reflexion, hervorgehoben wird der berufliche Zusammenhang. Nun gibt es allerdings nicht die eine Definition von Supervision, sondern verschiedene Verständnisse, was u. a. mit ihrer Entstehungsgeschichte zusammenhängt.

Der Begriff der Supervision tauchte zunächst in den USA im industriellen Kontext auf, wo er die Bedeutung von Inspektion im Produktionsbereich hatte. Der Arbeitsauftrag des/der SupervisorIn bestand darin, die Herstellung einwandfreier Produkte zu garantieren (Brandau 1991). Im Bereich helfender Berufe wurde der Begriff der Supervision dann in der Sozialarbeit übernommen. Der Supervisionstätigkeit wurde hierbei eine Doppelfunktion von Kontrolle und Hilfestellung zugeschrieben: Kontrolle im Sinne der Wohlfahrtsverbände,

1 Im weiteren Verlauf wird zwischen Supervisionssystem (SupervisorInnen und SupervisandInnen) und Beratungs- bzw. Therapiesystem (BeraterInnen/Therapeutinnen und KlientInnen/KundInnen) unterschieden. Im Supervisionssystem werden BeraterInnen und TherapeutInnen zu SupervisandInnen.

die Sozialarbeit bezahlten und für diese Finanzierung eine an ihre Richtlinien angepasste Arbeit verlangten, Hilfestellung im Sinne der SozialarbeiterInnen, die durch die verbindliche Integration von Supervision in die Sozialarbeiterausbildung eine Möglichkeit sahen, sich zusätzliches praktisches und theoretisches Wissen anzueignen. In der Regel übte ein institutionsinterner Vorgesetzter die Supervision aus. Dies hatte strukturell eine Kontextvermischung zur Folge, in diesem Falle von Bewertung der beruflichen Qualifikation und Hilfsangebot.

Im psychotherapeutischen Feld kam Supervision zu Beginn vor allem im Ausbildungskontext der Psychoanalyse in Form von Kontrollanalyse ins Spiel. Auch dies bewirkte eine Kontextvermischung, nun allerdings in Bezug auf Ausbildung und Therapie. Da die Institutionen, in denen die SupervisandInnen sowohl im sozialarbeiterischen als auch im psychoanalytischen Feld arbeiteten, zunächst außerhalb des Rampenlichts blieben und in ihren Strukturen nicht hinterfragt wurden, hatte die Supervisionstätigkeit in der Zeit der kritischen 70er Jahre zudem den Ruf, Anpassungsarbeit zu leisten.

Alle diese Bedeutungsvarianten von Supervision – Inspektion, Garantie, Kontrolle, Wissensvermittlung, Hilfestellung, Anpassungsleistung – und ihre verschiedenen Kombinationen sind nicht nur von historischer Bedeutung, sondern auch heute noch als potenzielle Ziele und Funktionen von Supervision gegeben. Gleichzeitig lässt sich allerdings vor allem in der theoretischen Debatte supervisorischer Ziele ein Wandel beobachten, indem z. B. übergeordnete Ziele, wie Verbesserung von Reflexions- und Kommunikationsfähigkeiten, in den Mittelpunkt gerückt werden. In Tabelle 1 werden solche übergeordneten allgemeinen Ziele von Supervision zusammengefasst.

Der Wandel in der Diskussion supervisorischer Ziele kann als parallel zur Professionalisierung der Disziplin angesehen werden, die sich im Zusammenhang mit der Vergrößerung des Supervisionsmarktes ergab und mit diesem in Wechselwirkung steht. Kurt Buchinger (1998) führt die wachsende Nachfrage nach Supervision auf veränderte Arbeits- und Produktionsprozesse zurück, u. a. auf die generelle Erweiterung von Handlungs- und Entscheidungsspielräumen der MitarbeiterInnen, vor allem in Institutionen mit deutlich abgeflachten hierarchischen Strukturen. In Wechselwirkung mit der Professionalisierung fand eine Konzentration auf Anforderungen statt, die Organisationen an die Supervision stellen und die systemisch orientierte Fragen und Konzepte in den Vordergrund schoben. Während historisch betrachtet ein sehr unterschiedliches Verständnis von Supervision in einigen wenigen Arbeitsfeldern und den damit verbundenen Berufsgruppen vorherrschte, haben sich für die Profession Supervision, so wie sie sich heute versteht, die Ziel- und Funktionserwartungen teilweise angenähert, obwohl sich die Anwendungsbereiche ausdifferenziert haben.

- Erweiterung oder Vertiefung persönlicher Erkenntnisse über eigene Möglichkeiten und Grenzen, über Einstellungen und Werthaltungen
- Veränderungen des eigenen Verhaltens
- Verbesserung des Wissens über soziale und institutionelle Rahmenbedingungen für das berufliche Handeln
- Erweiterung oder Vertiefung der sozialen Handlungskompetenz und der praktischen Fertigkeiten
- Verbesserung der Praxistätigkeit im jeweiligen Aufgabenfeld
- Multiplikation des erlernten beruflichen Know-how

Tab. 1: Ziele von Supervision

Insgesamt kann festgestellt werden, dass es grundsätzliche Unterschiede in den Zielvorstellungen von Supervision gibt. Manche Richtungen orientieren sich mehr an den eher funktionalen Erwartungen der AuftraggeberInnen, andere entspringen eher den Menschenbildern, Entwicklungs- und Veränderungsmodellen der verschiedenen psychotherapeutischen Schulen, welche die Supervisionsausrichtungen prägen, und wiederum andere entsprechen eher dem Selbstverständnis von Supervision als Profession.

In zunehmendem Maße werden allerdings vor allem in der Literatur funktionale Zielvorstellungen in den Mittelpunkt gerückt. Diese Entwicklung kann leicht den Eindruck erwecken, als habe über die verschiedenen Anwendungsfelder hinweg eine Vereinheitlichung von Supervisionszielen stattgefunden und als hätten sich die Unterschiede in der supervisorischen Praxis, von denen oben die Rede war, nivelliert. Dies ist jedoch nicht der Fall.

1.2 Ausrichtungen von Supervision

Da sich die meisten Supervisionsausrichtungen aus psychotherapeutischen Ansätzen entwickelt haben, liegt es nahe, dass sich SupervisorInnen selbst oft primär über die Zugehörigkeit zu einer psychotherapeutischen Schule definieren. Je nach Schule wird in der Supervision auf andere Dinge geschaut, wird anderes wahrgenommen, wird methodisch unterschiedlich verfahren und erlangt womöglich auch eine andere Sinnvorstellung vom beobachteten Geschehen Bedeutung. SupervisorInnen haben in ihrem professionellen Selbstverständnis in der Regel Zielvorstellungen, die sich eng an ihrer psychotherapeutischen Herkunft und den damit verbundenen Menschenbildern, Entwicklungs- und Veränderungsmodellen orientieren. Dabei wird die alte Unterscheidung zwischen den beiden Traditionen des sozialarbeiterischen und des psychotherapeutischen Verständnisses von Supervision häufig überlagert durch schulenspezifische Unterschiede, die sich aus der Weiterentwicklung und Ausdifferenzierung verschiedener Psychotherapierichtungen ergeben. Gemeinsame Ansätze sind inzwischen für die Entwicklung einer supervisorischen Identität und Praxis oft wichtiger geworden als die Zugehörigkeit zu einer bestimmten Berufsgruppe oder einem entsprechenden Tätigkeitsfeld, also der Sozialarbeit oder Psychotherapie.

So wird in der an Psychotherapieschulen orientierten Supervisionsausrichtung u. a. unterschieden zwischen psychoanalytisch-tiefenpsychologisch orientierter Supervision, gruppendynamischer Supervision, personenzentrierter Supervision, verhaltenstherapeutisch orientierter Supervision, psychodramatischer Supervision, gestaltorientierter Supervision, transaktionsanalytischer Supervision, themenzentrierter Supervision, integrativer Supervision, familientherapeutisch orientierter Supervision und systemischer Supervision. In der sozialarbeiterisch geprägten Supervisionspraxis sind die meisten dieser Schulrichtungen ebenfalls präsent (Ritscher 1996).

Die Zielsetzungen, die sich am Menschenbild psychotherapeutischer Schulen orientieren, haben in erster Linie individuelle und persönliche Entwicklungsmöglichkeiten für die SupervisandInnen im Sinn und schenken interaktionellen und institutionellen Aspekten weniger Aufmerksamkeit. Zum Beispiel formulieren die gestalt- und die psychodramaorientierte Supervision als Supervisionsziel, Menschen in ihrer gefühlshaften, intellektuellen und leiblichen Dimension zu erfassen, um in der Folge bestehende Blockierungen im Erleben, Wahrnehmen und Handeln aufzulösen. Gleichlaufend sollen individuelle, noch nicht genutzte Potenziale freigesetzt werden (Schreyögg 1992). In der psychoanalytisch-tiefenpsychologisch orientierten Supervision liegt ein zentrales Supervisionsziel z. B. in der Aufdeckung von unbewussten Gefühlen und Konflikten zwischen der SupervisandIn und der von ihr betreuten Person, die sich auch in der Beziehung zwischen der SupervisorIn und der SupervisandIn widerspiegeln können. Und in der verhaltenstherapeutisch orientierten Supervision schließlich kommt in den am behavioralen Menschenbild ausgerichteten Supervisionszielen zum Ausdruck, dass das Bestreben von Supervision dahin geht, bestehende Schwierigkeiten aufzuheben und eine schnelle Verhaltensänderung im Sinne des vereinbarten Supervisionsziels herbeizuführen.

Die in den Supervisionsaufträgen formulierten Zielvorstellungen der SupervisandInnen verweisen oft auf konkrete Erwartungen an die SupervisorIn, insbesondere was ihre supervisorische Haltung und Handlungskompetenz betrifft. Diese Erwartungen werden häufig von KundInnenseite mit der Zugehörigkeit der SupervisorIn zu einer spezifischen Schule verbunden. Diese Zielvorstellungen der SupervisandInnen können u. a. in dem Wunsch zum Ausdruck kommen, eine SupervisorIn zu verpflichten, die einen supervisorischen Ansatz vertritt, der den eigenen Vorstellungen ähnlich ist. Manchmal ist auch gerade das Gegenteil der Fall, und die Erwartung geht dahin, dass eine SupervisorIn einen Wechsel zu einer anderen Betrachtungsweise ermöglicht. Auch bisherige Supervisionserfahrungen können diese gegenteiligen Erwartungstendenzen nach sich ziehen: Supervision unter dem Aspekt der Kontinuität bzw. der Ähnlichkeit zur bisherigen Praxis oder Supervision, die in ihrer Fokussierung – systemisch gesprochen – einen Unterschied machen soll.

In der Wahl einer SupervisorIn aus einer bestimmten Supervisionsausrichtung werden also von SupervisandInnenseite bereits die Weichen dahin gehend gestellt, welche Supervisionsziele verfolgt werden sollen und wohin die Aufmerksamkeit gehen soll. In Tabelle 2 werden in komprimierter Form die Unterschiede der verschiedenen an Psychotherapieschulen orientierten Supervisionsausrichtungen aufgezeigt, vor allem was die Mittel und Wege betrifft, supervisorische Ziele zu erreichen. Die verschiedenen Supervisionsausrichtungen fokussieren jeweils auf andere Aspekte und erzeugen damit unterschiedliche Gestaltungen von Supervisionsprozessen.

An Psychotherapieschulen orientierte Supervisions-ausrichtungen	**Fokussierung**
psychoanalytisch-tiefen-psychologisch orientiert	Fokussierung auf unbewusste Gefühle und Konflikte unter Nutzung von Übertragung und Gegenübertragung
gruppendynamisch orientiert	Aufmerksamkeit für interaktionelle Gruppenphänomene und Phasen von Gruppenprozessen
personenzentriert	Konzentration auf die Person im Spannungsfeld von Person und Organisation unter Nutzung von Empathie, Kongruenz und Akzeptanz
verhaltenstherapeutisch orientiert	Fokussierung auf Verhaltensanalyse und Verhaltensänderung unter Nutzung von Techniken auf der Basis der Lerntheorie
psychodramatisch	In-Szene-Setzen und Nachspielen konkreter Situationen mit dem Ziel des Sichtbarmachens psychischer Phänomene
gestaltorientiert	Sichtbarmachen von Gefühlen in übertriebener Form unter Nutzung von kathartischen Effekten
transaktionsanalytisch	Veranschaulichen des inneren Dialogs zwischen Über-Ich, Ich und Es und der damit verbundenen Konflikte
themenzentriert	Balancieren des Gleichgewichts der Faktoren Person, Gruppe und Aufgabe
integrativ	Integration von individualistischen, interaktionistischen und systemischen Prinzipien
familientherapeutisch orientiert	Fokussieren auf Beziehungsmuster im supervidierten System
systemisch	Fokussieren auf Beziehungsmuster und internales System der SupervisandInnen unter Nutzung isomorpher Beziehungsmuster

Tab. 2: An Psychotherapieschulen orientierte Ausrichtungen der Supervision

In der Supervision, die sich statt am schulenspezifischen Menschenbild vor allem an den eher funktionalen Erwartungen der AuftraggeberInnen orientiert, sind die Ziele häufig an den Erfordernissen der praktischen Arbeitsfelder ausgerichtet und bestehen z. B. in der Arbeitserleichterung, der Erweiterung der Handlungsmöglichkeiten, der Hilfe in der Entscheidungsfindung, der Verbesserung der Arbeitsfähigkeit (Effektivität, Effizienz, Qualität), der Steigerung des persönlichen Wohlbefindens (Freude in und an der Arbeit) sowie der Förderung einer sachdienlichen Arbeitsatmosphäre (Konfliktfähigkeit).

Im Verständnis von Supervision als Profession werden Supervisionsziele zwischen SupervisorIn und SupervisandIn im Rahmen der Auftragsklärung sorgfältig ausgehandelt. Dies geschieht, damit gewährleistet ist, dass sie sowohl mit den funktionalen Erwartungen der SupervisandIn als auch mit dem professionellen Selbstverständnis der SupervisorIn vereinbar sind. In Supervisionsausrichtungen, die in erster Linie an Psychotherapieschulen orientiert sind, wird die Auftragsklärung unter Umständen übergangen, weil die Ziele schon durch das jeweilige Menschenbild und seine Weiterungen vorgegeben scheinen. Zielvereinbarungen im Rahmen expliziter Auftragsklärung gelten jedoch als Zeichen gewachsener Professionalität der Disziplin.

Ziele sind in der Supervision allerdings in der Regel nicht statisch, sondern dynamisch, sie ändern sich oft im Verlauf eines Supervisionsprozesses; so tauchen häufig relativ kurzfristig unerwartete Probleme auf, welche neue Unklarheiten ans Licht bringen und neue Lösungen erfordern. Im Zuge der Professionalisierung der Disziplin hat auch die Frage an Bedeutung gewonnen, woran die Zielerreichung von Supervision bzw. das erfolgreiche Voranschreiten im Supervisionsprozess festzumachen bzw. zu messen ist. Supervisionsausrichtungen unterscheiden sich infolgedessen auch darin, inwieweit sie Erfolgsmessungen zugänglich sind bzw. diese methodisch im Supervisionsprozess selbst verankert haben (Rappe-Giesecke 2003).

1.3 Formen und Settings von Supervision

Ein weiterer Aspekt der Ausdifferenzierung von Supervision liegt in der gewachsenen Formenvielfalt, wobei zu betonen ist, dass jede Supervisionsform ihre eigene Struktur hat und für jede Form sich

Vorteile und Stärken ausmachen lassen. Grobe Kriterien der Unterscheidung bilden Einzel- und Gruppensupervision, Fall-, Team- und Leitungssupervision, interne Supervision sowie Settings in Anwesenheit oder Abwesenheit von SupervisorInnen. Im Einzelnen lassen sich unterscheiden:

Einzelsupervision: Berufstätige Menschen begeben sich in Supervision, um in einer dyadischen Beziehung zu einer SupervisorIn ihre beruflichen Fragestellungen zu reflektieren. Vorteile des Einzelsettings sind die Konzentration auf die persönlichen Fragestellungen, die Anpassung des Gesprächsprozesses an die individuellen Bedürfnisse der SupervisandIn und die auf Grund der Eins-zu-eins-Situation potenziell geschütztere Vertraulichkeit.

Gruppensupervision: Personen aus gleichen oder verschiedenen Berufsgruppen, jedoch mit in der Regel unterschiedlichem institutionellem Hintergrund treffen sich zum Zweck der Reflexion ihrer beruflichen Tätigkeit. Sie teilen gegebenenfalls ein ähnliches Berufsprofil, sind in ihrem beruflichen Alltag jedoch nicht gemeinsam tätig. Gruppensupervision realisiert sich häufig im Kontext von Weiterbildung oder berufsbegleitender Fortbildung. Eine besondere Stärke des Gruppensettings liegt in der Fülle und der Vielfalt der in unterschiedlichen Arbeitskontexten gewonnen Berufserfahrung. Weitere Vorteile sind in den parallel ablaufenden supervisionsbegleitenden Gruppenprozessen begründet, die oft kognitive und affektive Beziehungsmuster des Fallgeschehens widerspiegeln.

Fallsupervision: Sowohl im Einzel- als auch im Gruppensetting werden in der Fallsupervision konkrete Fälle aus der beruflichen Praxis der SupervisandInnen in die Supervision eingebracht und besprochen. Vorteile der Fallsupervision liegen darin, dass sich auf diese Weise das Fallverständnis der SupervisandInnen verändern kann, in der Auseinandersetzung mit dem konkreten Fallgeschehen neue Ideen für die praktische Arbeit gewonnen werden können und sich so in der Folge die Professionalität der SupervisandIn vertieft.

Teamsupervision: Einen anderen Fokus als die Fallsupervision setzt die Teamsupervision, von Heinz Kersting auch als „Arbeitssystemsupervision“ bezeichnet, in der Arbeits- und Kommunikationsprozesse und damit zusammenhängende Fragen im Mittelpunkt stehen (Kersting 1995). Mitglieder von Teams, Arbeits- oder Projektgruppen teilen denselben institutionellen Hintergrund miteinander und reflektieren in Begleitung einer SupervisorIn ihre gemeinsame Arbeitssituation. Ein Vorteil von Teamsupervision erwächst daraus, dass alle oder zumindest die meisten in denselben Arbeitsprozess eingebundenen Personen bei den Besprechungen anwesend sind und Informationsgewinnung in der Supervision gleichzeitig Informationsfluss im Team bedeutet. Ein weiterer Pluspunkt von Teamsupervision ist, dass bei institutionellen Veränderungsprozessen, Umstrukturierungen, Konzeptentwicklungen etc. durch die Anwesenheit der KollegInnen die Organisation selbst mit ihren Strukturen und Funktionen stärker im Blick ist. Eine Variante von Teamsupervision kann allerdings auch darin bestehen, dass das Setting für die Besprechung von Fällen genutzt wird und in der Folge eine Kombination aus Team- und Fallsupervision stattfindet.

Leitungssupervision: Einzel- oder Gruppenberatung von Führungskräften stellt neben der Teamsupervision eine weitere Form von Supervision dar, in der Arbeits- und Kommunikationsprozesse thematisiert und vor dem Hintergrund von Führungsaufgaben beleuchtet werden können. Der Vorteil von Leitungssupervision ist die leichtere Initiierung von strukturellen Veränderungsprozessen in Organisationen und die Nutzung des Modellcharakters der Führungskraft in kommunikativen Prozessen.

Interne Supervision: Wenn die SupervisorIn gleichzeitig hauptamtliche MitarbeiterIn der Organisation ist, in der auch die SupervisandInnen arbeiten, wird von interner oder hausinterner Supervision gesprochen. Oft übernimmt eine Leitungsperson die Rolle der SupervisorIn, und das Supervisionssetting mischt sich mit anderen in der Institution bereits existierenden Besprechungsformen, wie Teambesprechungen oder Mitarbeitergesprächen. Neben den unübersehbar eher ungünstigen Kontextvermischungen, die u. a. „Betriebsblindheit", Zweifel an der Einhaltung der Schweigepflicht und Gefahren der Mitarbeiterkontrolle beinhalten können, hat die interne Supervision den Vorteil, dass die SupervisorIn eine hohe Feldkompetenz hat und mit den „KundInnen", dem „Produkt" und dem spezifischen „Markt", in dem sich die Institution bewegt, ausreichend vertraut ist.

Intervision: Als Alternative zur Gruppensupervision stellt sich die kollegiale Peergruppenberatung dar, die in Abwesenheit einer SupervisorIn stattfindet. Eine klare Absprache bezüglich Rollenverteilung und Spielregeln hilft dabei, auch ohne Moderation von außen einen funktionierenden strukturellen Rahmen zu etablieren. Vorteile dieser selbstorganisierten Supervisionsform sind gleiche Augenhöhe, Aktivierung der Selbsthilfepotenziale, Betonung der Eigenverantwortlichkeit und nicht zuletzt die Kostengünstigkeit.

Selbstsupervision: Als Alternative zur Einzelsupervision bietet sich die Selbstsupervision an, die *per definitionem* logischerweise ebenfalls in Abwesenheit einer SupervisorIn stattfindet. Auch hier ist ein struktureller Rahmen, z. B. die Formulierung verschiedener Supervisionsfragen, hilfreich. Selbstsupervision kann im Sinne eines Selbstbild-Fremdbild-Abgleichs gut mit anderen Formen von Supervision ergänzt werden. Besondere Vorteile liegen ebenfalls in der Aktivierung der Selbsthilfepotenziale, in der Betonung der Eigenverantwortlichkeit, in der Kostengünstigkeit und nicht zuletzt in der zeitlichen Flexibilität. Tabelle 3 fasst die Besonderheiten der Supervisionsformen knapp zusammen.

Einzelsupervision	Reflexion von beruflichen Fragestellungen durch eine SupervisandIn in einer Eins-zu-eins-Situation mit einer SupervisorIn
Gruppensupervision	Bearbeitung von Fragen beruflicher Zusammenhänge in einer Gruppe von TeilnehmerInnen aus verschiedenen Institutionen und Berufsgruppen
Fallsupervision	Bearbeitung von Fragestellungen entlang einem konkreten Fall aus der beruflichen Praxis der SupervisandIn
Teamsupervision	Reflexion beruflicher Interaktionen und institutioneller Belange durch Mitglieder eines Teams
Leitungssupervision	Beratung von Führungskräften
interne Supervision	Beratung von MitarbeiterInnen durch Vorgesetzte oder KollegInnen aus der gleichen Institution
Intervision	kollegiale (Peergruppen-)Beratung in Gruppen ohne Anwesenheit einer SupervisorIn
Selbstsupervision	Reflexion beruflicher Zusammenhänge ohne Anwesenheit einer SupervisorIn

Tab. 3: Supervisionsformen

1.4 Abgrenzung von Psychotherapie und anderen Beratungsformen

Wenn Vielfalt in den verschiedenen aufgezeigten Hinsichten ein Markenzeichen von Supervision ist, die unter anderem von der Grenznähe zu anderen Disziplinen und Praxisfeldern genährt wird, so lassen sich neben den darin begründeten Gemeinsamkeiten auch Unterschiede feststellen und Abgrenzungen vornehmen.

1.4.1 Abgrenzung von Psychotherapie

Beim Vergleich von Supervision und Psychotherapie sind trotz des großen Abgrenzungsbedarfs v. a. von Seiten der Profession Supervision die Gemeinsamkeiten nicht zu übersehen. Bei Supervision wie bei Psychotherapie handelt es sich um eine professionelle Helferbeziehung, es werden ähnliche Wirkfaktoren angenommen, häufig auch ähnliche Methoden und Techniken angewandt. Manche Psychotherapieschulen, vor allem solche, die sich weniger am Krankheitsmodell, sondern mehr am humanistischen Menschenbild orientieren, betonen die Gemeinsamkeiten und Ähnlichkeiten der Gestaltung der Gesprächsprozesse. So wird z. B. manchmal Familientherapie auch als „Supervision und Organisationsberatung für Familien" beschrieben.

Die Grenzen zwischen beiden Disziplinen und Arbeitsfeldern sind also einerseits fließend, andererseits interpretationsabhängig. Die deutlichsten Unterschiede liegen darin, dass sich Psychotherapie, zumindest im Verständnis mancher Psychotherapieschulen, am Krankheitsmodell orientiert, gesund und krank unterscheidet, Verhaltensauffälligkeiten und psychische Störungen diagnostiziert und die Beziehung zwischen PsychotherapeutIn und KlientIn als Behandlung einer Person durch die andere versteht. Weitere Unterscheidungsmerkmale werden aus den je spezifischen Schulenverständnissen von Psychotherapie abgeleitet, etwa die Eingrenzung der Thematik, das Maß an Vertiefung sowie die Dauer des Prozesses.

1.4.2 Abgrenzung von Organisationsberatung

Auch hier sind die Gemeinsamkeiten offensichtlich. Bei Supervision wie bei Organisationsberatung handelt es sich um eine Beratung in Bezug auf Arbeitsbeziehungen in institutionellen Kontexten. Ebenso werden hier ähnliche Wirkfaktoren angenommen, und häufig finden ähnliche Methoden und Techniken Verwendung. In der Literatur werden in den letzten Jahren beide Handlungsfelder, Supervision und Organisationsberatung, gemeinsam diskutiert (Pühl 1999; Petzold 1998). Teamsupervision stellt zudem eine Schnittstelle zwischen Supervision und Organisationsberatung dar.

Die Grenzen zwischen beiden Disziplinen und Arbeitsfeldern sind also ebenfalls fließend. Die klarsten Unterschiede liegen darin, dass es sich bei Organisationsberatung um längerfristig angelegte und nachhaltige Entwicklungs- und Veränderungsprozesse einer Organisation und der in ihr tätigen Menschen handelt (Definition der deutschen *Gesellschaft für Organisationsentwicklung e. V.* – www.goe.org [2.2.2009]). Interventionen sind in der Regel deutlich umfassender, direktiver und veränderungsorientierter. So werden z. B. Teamtrainings und Workshops für das gesamte Unternehmen durchgeführt mit dem Ziel, „Organisationsdiagnosen" zu erstellen, Umstrukturierungen und Veränderungen der Unternehmenskultur zu planen und Strategieentwicklungen umzusetzen. Die Aufträge für Organisationsberatung kommen in der Regel von der Leitungsspitze einer Organisation und werden zudem meistens von einem BeraterInnenteam übernommen.

1.4.3 Abgrenzung von Coaching

Auch in dieser Gegenüberstellung liegen die Gemeinsamkeiten auf der Hand. Leitungssupervision, wie Coaching auch oft genannt wird, wurde oben als Supervisionsform bereits beschrieben. Coaching wird als Modebegriff auch für neue Beratungsformen verwandt, wie z. B. Paarcoaching, Elterncoaching oder Gesundheitscoaching, die durchaus supervisorische Merkmale aufweisen.

Die deutlichsten Unterschiede sind darin begründet, dass im Coaching von Führungskräften die Ausgestaltung der Führungsrolle und die Entwicklung einer Leitungsidentität als zentrale Ziele im Mittelpunkt stehen. Coaching dient der Stärkung und Stützung von Führungskräften, die laut Kurt Buchinger (1998) neben ihrer traditionellen Leitungsaufgabe zunehmend auch solche Führungsaufgaben zu übernehmen haben, die einen hohen Reflexionsbedarf beinhalten und intensiven kommunikativen Austausch benötigen. Im Coaching können sie, die oft in ihrer Rolle wenig GesprächspartnerInnen auf gleicher Augenhöhe vorfinden, in Anwesenheit einer außenstehenden Person laut denken und für ihre Gedanken professionelles Feedback bekommen. In diesem Sinne könnte man Coaching nach Astrid Schreyögg (1999) auch als eine innovative Form von Personalentwicklung für Personen in Managementfunktionen beschreiben.

2. Was ist systemische Supervision?

Systemische Supervision ist eine spezifische Ausrichtung von Supervision. Aber was definiert systemische Supervision? Gibt es für systemische Supervision nicht auch wie im Falle von Supervision im Allgemeinen eine Vielfalt von Definitionen? Welche Ziele und Funktionen sind mit systemischer Supervision verbunden? Mit welchen Konzepten arbeitet sie? Welches sind ihre praxisrelevanten Leitideen in Bezug auf Weltsicht, Haltungen und Handlungen der SupervisorIn? Und um bereits eine systemische Fragestellung einzubringen: Was macht überhaupt in der Praxis systemischer Supervision den Unterschied, der einen Unterschied macht?

2.1 *Definition und Herkunft systemischer Supervision*

Als erste Annäherung an den Begriff systemischer Supervision bietet sich als allgemeine Definition an: Systemische Supervision ist eine lösungsorientierte Beratungsform für Personen und Institutionen, die ressourcenorientiert professionelle Zusammenhänge thematisiert. Diese Definition lässt allerdings die Frage offen, was das Systemische an der systemischen Supervision ist. Nach Fritz B. Simon (2006) kennzeichnet sich systemisches Denken u. a. dadurch, dass es „Erklärungen verwendet, die sich aus der Systemtheorie ableiten lassen". Dementsprechend ließe sich systemische Supervision dadurch von anderen Ausrichtungen der Supervision unterscheiden, dass sie ihre theoretische Begründung und ihr handwerkliches Rüstzeug aus der Systemtheorie herholt.

Jedoch ist „systemisch" nicht gleichzusetzen mit „systemtheoretisch", der Begriff erschöpft sich nicht in Ableitungen aus der Systemtheorie. Vielmehr sind für sein Verständnis vor allem theoretische Entwicklungen prägend, die summarisch mit dem Konstruktivismus verbunden werden können. Insbesondere die Einsicht, dass die BeobachterIn nicht außerhalb des beobachteten Systems steht, sondern Teil der Beobachtung ist, ist hier von besonderer Relevanz.

Hinzu kommen Inputs aus weiteren Theorieentwicklungen, wie beispielsweise der Chaostheorie, der Differenztheorie und nicht zuletzt aus der Theorie sozialer Systeme, die im Kapitel 3 als metatheoretische Wurzeln systemischer Supervision im Einzelnen vorgestellt und in ihrer Praxisrelevanz beleuchtet werden. Schließlich sind es aus der Praxis systemischer Supervision selbst erwachsene Haltungen und Handlungen, die systemisches Denken kennzeichnen und systemische Supervision von anderen Supervisionsausrichtungen unterscheiden.

2.2 Merkmale und Vorgehen systemischer Supervision

Entsprechend der semantischen Ursprungsbedeutung von Supervision (der Terminus kommt aus lateinisch *supra* = „oben, von oben“ und *videre* = „sehen, betrachten“), wird in der systemischen Supervision die Metaebene eingenommen und eine Außenperspektive gewählt. Wenn, wie üblich, zwischen SupervisorInnen und SupervisandInnen unterschieden wird, bilden in der systemischen Supervision beide zusammen das Supervisionssystem.

In der systemischen Supervision wird ein Rahmen geschaffen, in dem SupervisandInnen ihre berufliche Praxis aus mehr Distanz heraus beobachten, beschreiben und reflektieren können. In diesem Rahmen können sie Fragestellungen entwickeln, die sich auf bestimmte Aspekte ihres eigenen Denkens, Fühlens und Handelns beziehen, die im konkreten, zur Supervision anstehenden Anliegen sichtbar werden. Und sie können diese Fragen vor dem Hintergrund ihres institutionellen Kontextes aus verschiedenen Perspektiven betrachten und erforschen.

Auch die Interaktionsprozesse, in denen sich die SupervisandInnen in ihrem beruflichen Alltag befinden, können Gegenstand der Reflexion sein und in Bezug auf die vorhandenen Muster untersucht werden, so dass jenseits situativer Beschreibungen Ideen über Problemzusammenhänge und Lösungsszenarien entwickelt werden können. Das Wechseln der Perspektiven, z. B. von innen nach außen oder vom Pro zum Contra, ermöglicht es, von eingefahrenen Problembeschreibungen wegzukommen und in fast spielerischer Weise zu neuen, lösungsrelevanten Erkenntnissen zu gelangen.

Statt Defizite und Probleme in den Vordergrund zu stellen, werden die eigenen Ressourcen, seien sie personen-, team- oder organisationsbezogen, in den Blick genommen. Dadurch, dass mit Wertschätzung auf ihre eigene Person und auf den von ihr beschriebenen Status quo geschaut wird, ist es den SupervisandInnen möglich, die eigene Rolle in den entsprechenden Interaktionsprozessen anders als bisher wahrzunehmen und sich selbst wieder als aktive und eigenverantwortliche MitgestalterInnen ihrer Arbeitsprozesse zu erleben.

Dank des hypothetischen Durchspielens verschiedener Optionen entstehen oft da, wo vorher eher Ratlosigkeit oder Resignation bestand, auf einmal Wahlmöglichkeiten und damit eine Erweiterung des Denk- und Handlungsspielraums. Ein über das konkrete Supervisionsanliegen hinausgehendes Ziel liegt auch darin, dass SupervisandInnen in Form einer Hilfe zur Selbsthilfe in die Lage kommen, bei späteren, nach Beendigung der Supervision auftauchenden Fragestellungen oder Problemen auf ein erhöhtes Potenzial an Lösungsstrategien zurückgreifen zu können.

2.3 Praxisnahe Definitionen systemischer Supervision

Wie im Falle der Supervision allgemein, ist auch für das Verständnis systemischer Supervision der Praxisbezug höchst relevant. Es kann auch hier eine gewisse Vielfalt der Begriffsbestimmungen, bedingt durch die verschiedenen Ziele und Funktionen, beobachtet werden. In der Tat haben Erwartungen an die systemische Supervision verschiedene Funktionszuschreibungen zur Folge, die dann in Verbindung mit dem Begriff selbst getreten sind. Sie fokussieren jeweils auf solche Aspekte systemischer Supervision im Bereich von Methoden und Zielen, die im konkreten Kontext in den Vordergrund rücken sollen.

Diese begrifflich-funktionalen Verbindungen dienen auch der Verdeutlichung dessen, was unter systemischer Supervision verstanden wird, und haben den Vorzug, derart griffig zu sein, dass sie bei Fragen von KlientInnen an SupervisorInnen, was denn systemische Supervision sei, als kontextspezifische und praxisnahe Antworten eingesetzt werden können. Theorielastige Formulierungen, wonach systemische Supervision definiert wird als: „in der Beobachtung zweiter Ordnung eine Metaperspektive einnehmen“ (Haye u. Linke 2003), sind dafür weniger geeignet. Die Vielfältigkeit der Aspekte, die systemische Supervision charakterisieren, kommt in den Definitionen in Tabelle 4 zum Ausdruck.

Systemische Supervision ist eine lösungsorientierte Beratungsform für Personen und Institutionen, die professionelle Zusammenhänge thematisiert.
Systemische Supervision ist ein institutionalisierter Perspektivenwechsel bei der Betrachtung von Interaktionsprozessen im Berufsleben.
Systemische Supervision ist eine Reflexionshilfe für das Berufsleben, die eigene Ressourcen aktiviert und spielerisch Lösungen ermöglicht.
Systemische Supervision ist eine ressourcenorientierte Sichtweise, die den beruflichen Kontext mit einbezieht und Wahlmöglichkeiten eröffnet.
Systemische Supervision ist eine Methode, die mit Wertschätzung Arbeitszusammenhänge beleuchtet und die Eigenverantwortung stärkt.
Systemische Supervision ist Hilfe zur Selbsthilfe, die Neugier weckt und zum Ziel hat, die professionellen Handlungsmöglichkeiten zu erweitern.

Tab. 4: Definitionen von Supervision

Die Vielfalt der Möglichkeiten, systemische Supervision zu definieren, die man ihr als Manko anheften könnte, ist also alles andere als ein Nachteil, denn sie begünstigt ihre Praxisorientierung als Beratungs- und Begleitwissenschaft. Systemische Supervision nutzt die historisch gewachsene Bedeutungsvielfalt von Supervision in ihrer Supervisionspraxis und überwindet sie zugleich, indem sie sie transparent macht. Sie diskutiert sie in ihrer Sinnhaftigkeit und stellt die mit ihnen verbundenen Ziele und Funktionen in der Folge gegebenenfalls in Frage.

2.4 Funktionen systemischer Supervision

In der Definition von systemischer Supervision als einer lösungsorientierten Form der Beratung für Personen und Institutionen, die ressourcenorientiert professionelle Zusammenhänge thematisiert, liegt bereits eine Konzentration auf ihre Ziele und Funktionen begründet. Diese sind in erster Linie in beruflichen Zusammenhängen angesiedelt. Damit ist nicht gesagt, dass Ziele und Funktionen anderer Horizonte ausgeschlossen sind, solche etwa, die in den traditionellen Supervisionsausrichtungen psychotherapeutischer und sozialarbeiterischer Herkunft vorherrschen.

Im beruflichen Kontext geht es aber nicht in erster Linie um den Menschen an sich, sondern um die Arbeitsbeziehungen und die Kommunikationsstrukturen, in die er eingebunden ist und die er mitbestimmen kann. Auf diesen professionellen Zusammenhang beziehen sich die Kernfunktionen systemischer Supervision. In Bezug auf Probleme, die sich in der jeweiligen Beziehungs- und Kommunikationsstruktur ergeben, greift auch der systemische Ansatz in besonderer Weise. Hier liegt seine kaum zu bestreitende Kompetenz, weshalb gelegentlich auch andere Supervisionsausrichtungen, z. B. die integrative Supervision, sich systemischer Konzepte bedienen. Und schließlich wird systemische Supervision in institutionellen Kontexten besonders nachgefragt, worin zum Teil der Aufschwung von Supervision allgemein und ihre Professionalisierung im Besonderen begründet liegen. Potenzielle Funktionen systemischer Supervision, die sich aus der Perspektive der Organisation ergeben, die zumindest im Falle von Teamsupervision häufig identisch ist mit der des Auftraggebers, sind in Tabelle 5 zusammengestellt.

Rahmung von Selbstreflexion im Arbeitskontext
Herstellung von Transparenz kognitiver und emotionaler Faktoren des beruflichen Handelns
Erweiterung der Handlungskompetenz der MitarbeiterInnen
Anstoßen und Fördern von Lernprozessen
Begleitung von Veränderungsprozessen
Motivierung der MitarbeiterInnen
Erhaltung der Gesundheit und Arbeitsfähigkeit der MitarbeiterInnen
Verbesserung des Betriebsklimas
Optimierung der Arbeitsergebnisse
Qualitätssicherung

Tab. 5: Funktionen systemischer Supervision

Der Blick systemischer Supervision richtet sich nicht ausschließlich auf Organisationen sowie ihre Strukturen und Prozesse. Dem Menschen als psychischem System oder als Akteur, der Strukturen und Prozesse in Organisationen mitgestaltet, wird mindestens ebenso viel Aufmerksamkeit entgegengebracht, auch wenn er in erster Linie in seiner beruflichen Rolle betrachtet wird. Im systemischen Supervisionsprozess ist, gleichviel, ob es sich um Supervision für Einzelpersonen, Teams oder Gruppen handelt, die individuelle Unterstützung der SupervisandInnen von großer Bedeutung. So sind z. B. die Konfliktfähigkeit und die Fähigkeit zur Balance von Ambivalenzen im beruflichen Umfeld wichtige Ziele ebenso wie die Einschätzung der Selbstwirksamkeit. Ferner kommen noch die Kompetenzsteigerung in der Erkennung von Beziehungsmustern und die damit verbundene Verbesserung der Beziehungsgestaltung hinsichtlich MitarbeiterInnen und Vorgesetzten als potenzielle Supervisionsziele hinzu.

Und schließlich definiert systemische Supervision ihre Funktion auch aus ihrem systemischen Selbstverständnis heraus. Jenseits der obengenannten entweder von Organisationen erwarteten oder von SupervisandInnen intendierten Funktionen sieht es systemische Supervision als eine übergeordnete Funktion an, „einen Unterschied zu machen, der einen Unterschied macht“ (Bateson 1972), das heißt: veränderungsrelevante Informationen zu vermitteln.

2.5 Konzeptionelle Grundlagen systemischer Supervision

Systemisches Denken und Handeln in der Supervision ist von bestimmten Sichtweisen und Konzepten geprägt. Diese stammen aus den verschiedenen theoretischen und metatheoretischen Wurzeln systemischer Supervision, die in Kapitel 3 dargestellt werden. Hier geht es im Vorgriff darauf um die klare Unterscheidung der praxistheoretischen Grundlagen systemischer Supervision von denen anderer, nichtsystemischer Supervisionsverständnisse. Wir unterscheiden dabei zwischen Weltsicht einerseits und Haltungen und Handlungen andererseits.

2.5.1 Systemische Weltsicht

Zur Veranschaulichungen der systemischen Sicht der Welt werden ihre wesentlichen Aspekte im Folgenden zusammengestellt und mit der mechanistischen Weltsicht kontrastiert. Häufig ist in diesem Zusammenhang von zwei unterschiedlichen Paradigmen die Rede bzw. davon, dass in den letzten Jahrzehnten in der Supervision ein Paradigmenwandel stattgefunden hat. Unterschiede zwischen den beiden Paradigmen bestehen durchgängig und in verschiedenster Weise. Der markanteste Unterschied liegt vielleicht in der Art des Erkennens. Ausgehend von der unterschiedlichen Position der BeobachterIn, steht in der mechanistischen Sicht im Vordergrund, *was* erkannt wird, in der systemischen Sicht, *wie* etwas erkannt wird. Während im ersten Fall davon ausgegangen wird, dass die Realität unabhängig von der BeobachterIn erfasst werden kann und folglich unterschiedliche BeobachterInnen in ihren wissenschaftlichen Untersuchungen zu den gleichen Ergebnissen gelangen sollten, sind im zweiten Fall die BeobachterInnen Teil der Beobachtung und die Unterschiedlichkeit der Beobachtung eine für den weiteren Erkenntnisprozess erwünschte Folge.

Damit korrespondiert, dass in der mechanistischen Sichtweise Objektivität erzielt, ebenso die *eine* Wahrheit erkannt werden kann, während in systemischer Sicht die Subjektivität der Erkenntnis viele „Wahrheiten“ anerkennt, d. h. viele sich ergänzende Perspektiven ermöglicht. Statt um die Überprüfung der *einen* Hypothese geht es um die Generierung vieler Hypothesen, die ihrerseits nicht dem Versuch der Widerlegung (Falsifikation) ausgesetzt werden, sondern unter dem Gesichtspunkt bewertet werden, wie nützlich sie für den Erkenntnisprozess sind.

Wendet sich die Aufmerksamkeit in der mechanistischen Sicht auf harte, messbare Daten, so werden im Systemischen subjektive, auch emotionale, somit neben harten auch weiche Daten berücksichtigt. Im systemischen Denken erhält der Kontext große Bedeutung, ja: Der Kontext macht den Unterschied. Hinzu kommt schließlich, dass im systemischen Paradigma von Wechselwirkungen von Beobachtetem und dem Vorgang der Beobachtung ausgegangen wird. An die Stelle linearer tritt die Vorstellung zirkulärer Kausalität. Entwicklungsprozesse werden ebenfalls als nichtlinear begriffen. Die Gegenüberstellung in Tabelle 6 fasst die wesentlichen Unterscheidungen in der Weltsicht beider Paradigmen zusammen.

Mechanistische Sichtweise	Systemische Sichtweise
BeobachterInnen stehen außerhalb der Beobachtung.	BeoachterInnen sind Teil der Beobachtung.
formale Logik, Widerspruchsfreiheit,	relationales Denken, Integration von Widersprüchen,
Objektivität, *eine* Wahrheit, unveränderliche Gesetze	Subjektivität, *viele* Perspektiven, Hypothesen
harte Daten	Integration von harten und weichen Daten
Annahme einer stabilen Umwelt, Ausklammerung dynamischer Aspekte	Annahme einer dynamischen Umwelt, Wechselwirkungszusammenhänge zwischen System und Umwelt
kontextunabhängige Aussagen	kontextabhängige Aussagen
lineare Kausalität	Zirkularität, Wechselwirkungszusammenhänge zwischen System und Umwelt
linearer Fortschritt	nichtlineare Entwicklung

Tab. 6: Gegenüberstellung der mechanistischen und der systemischen Weltsicht

2.5.2 Systemische Haltungen und Handlungen

Mit Blick auf die systemischen Haltungen und das damit verbundene Handeln stellen wir nichtsystemische Supervision der systemischen gegenüber. Dabei ist vorab zu betonen, dass im Prinzip in der systemischen Supervision Haltung und Handlungen als nicht voneinander getrennt gedacht werden. Aus der Haltung geht hervor, worauf fokussiert wird und wie der Supervisionsprozess angelegt werden soll, jedoch wird in der Handlung die Haltung erst sichtbar und wirksam. Systemisches Handeln fühlt sich ausdrücklich der Haltung der Allparteilichkeit bzw. der Neutralität verpflichtet. Respekt gegenüber Personen, Respektlosigkeit gegenüber Ideen, Gender-Sensitivity und Kontextsensibilität sind weitere zentrale handlungsleitende systemische Haltungen, die auch als ethische Prinzipien systemischen Handelns verstanden werden können. Auf sie werden wir in den Kapiteln zurückkommen, die der systemischen Supervisionspraxis gewidmet sind.

Die systemische Weltsicht spiegelt sich mit ihren systemtheoretischen und konstruktivistischen Wurzeln in der systemischen Supervision, in den Haltungen und Handlungen der SupervisorIn unverkennbar wider. Die systemtheoretischen Wurzeln werden vor allem dadurch deutlich, dass auf Interaktionen, Muster und Prozesse im beruflichen Kontext fokussiert wird. Institutionelle und individuelle Probleme werden auf der Ebene kommunikativer Muster und Beziehungsstrukturen sozialer Systeme rekonstruiert und kontextualisiert, d. h. in einem strukturellen Zusammenhang gesehen, in welchem die einzelnen Elemente wechselseitig die Bedingungen ihres Verhaltens bestimmen.

Die konstruktivistischen Wurzeln kommen vor allem darin zur Geltung, dass das internale System (Kognitionen, Affekte und Handlungsmöglichkeiten) der SupersandInnen Ausgangspunkt aller weiteren Schritte im Supervisionsprozess ist. Die entsprechenden Schritte sollten ankopplungsfähig sein und zugleich nicht „mehr desselben" beinhalten. Kurz gesagt, „richtig oder falsch" ist nicht das angemessene systemische Bewertungsschema, stattdessen stehen Nützlichkeit und Viabilität im Vordergrund. Inhaltliches Wissen tritt in seiner Bedeutung hinter Prozesswissen zurück, d. h. hinter die Fähigkeit, Supervisionsprozesse so zu gestalten, dass sie Lernprozesse ermöglichen.

In der systemischen Supervision verliert die SupervisorIn ihren ExpertInnenstatus für inhaltliche Lösungen und tritt ihn an die SupervisandIn ab. Die SupervisorIn hat allerdings maßgebliche Verantwortung für die Gestaltung des Kommunikationsprozesses. Ihr „Nichtwissen" in Bezug darauf, was die „richtige" Lösung ist, wird dadurch zur Expertise, dass sie vor dem Hintergrund einer sokratischen Haltung zirkuläre Fragen an die SupervisandIn stellt und diese dadurch als „inhaltliche ExpertIn" bestätigt (Buchinger 1998).

Daraus folgt zweierlei: erstens, dass Neugier als Haltung zu einem wichtigen Prinzip des Supervisionsprozesses wird, weil sie alte Denkgewohnheiten hinterfragt, neue Zusammenhänge erschließt und weitere Handlungsmöglichkeiten eröffnet; zweitens, dass auf Handlungsanweisungen verzichtet wird und Selbstorganisation und Autopoiese in den Vordergrund gerückt werden, was wiederum die Eigenverantwortlichkeit der SupervisandInnen für die gewählten Lösungen zur Folge hat. Sowohl die Selbstorganisation eines Systems (seine Fähigkeit, die eigenen Elemente selbst zu ordnen) als auch die Autopoiese (seine Fähigkeit, die eigenen Elemente selbst zu erschaffen und zu erhalten) verweisen darauf, dass sich Systeme auf der Basis eigener Operationen weiterentwickeln (Maturana u. Varela 1987).

In welchem Umfang im Supervisionsprozess Problemwissen vertieft werden sollte mit dem Ziel, „gute" Lösungen zu generieren, darin unterscheiden sich freilich nicht nur nichtsystemische von systemischen Supervisionsansätzen. Auch innerhalb des systemischen Denkens und Handelns bestehen unterschiedliche Ansichten, wie viel „Problemdiagnose" für das Finden „zufriedenstellender" Lösungen nötig ist. Wie in den späteren Ausführungen zur Praxis systemischer Supervision deutlich wird, präferiert der systemische Ansatz ein ausgeprägt lösungsorientiertes Vorgehen. Probleme werden nicht nur als Probleme, sondern vor allem als Lösungsversuche gesehen, die sich gegebenenfalls bislang als suboptimal erwiesen haben. Daher werden in der systemischen Supervision in der Regel die guten Gründe für die bisherigen Lösungsversuche herausgearbeitet und in einen Zusammenhang mit alternativen Möglichkeiten und Zukunftsvisionen gebracht.

Systemische Supervision initiiert einen Suchprozess für besser passende Alternativen. Dieser Suchprozess wird als rekursiver, gemeinsam gestalteter Akt der Kommunikation verstanden, als rekursiver Prozess von Kognition, Emotion, Kommunikation und Handeln. Ressourcenorientierten Dialogen und Metaphern kommt daher in der systemischen Supervision eine große Bedeutung zu. Systemische Supervision entwickelt zusammen mit den SupervisandInnen verschiedene Handlungsmöglichkeiten und Positionen und überlässt entsprechend ihrer Maxime einer allparteilichen bzw. neutralen Haltung die Entscheidung bezüglich der Wahl einer Option den SupervisandInnen selbst.

In Tabelle 7 werden nichtsystemische Varianten von Supervision der systemischen Supervision gegenüber gestellt.

Nichtsystemische Supervision	Systemische Supervision
Fokussierung auf das Individuum	Fokussierung auf Beziehungsmuster und auf das Individuum
richtig/falsch als Bewertungsschema	nützlich, viabel als Bewertungsschema
Wissen	Nichtwissen als Expertise, Hypothesenbildung
SupervisorIn als ExpertIn für inhaltliche Lösungen und als VermittlerIn von Einsichten	SupervisorIn als ExpertIn für Kommunikationsprozesse, SupervisandIn als ExpertIn für inhaltliche Lösungen
Fremdsteuerung, instruktive Interaktion	Selbststeuerung, Selbstorganisation, Autopoiese, Eigenverantwortung
Ratschläge und Anweisungen	Neugier, Fragen, Reflexion
Problemorientierung	Lösungsorientierung
Defizitorientierung: Probleme als Probleme	Ressourcenorientierung: Probleme als Lösungsversuche
Vergangenheitsorientierung, Analyse und Erklärungen	Zukunftsorientierung, Metaphern, Visionen
Eindeutigkeit	Wahlmöglichkeiten

Tab. 7: Gegenüberstellung nichtsystemischer und systemischer Supervision

3. Theoretische und metatheoretische Wurzeln systemischer Supervision und ihre Praxisrelevanz

Nachdem Definitionen, Ziele und Funktionen von Supervision im Allgemeinen und von systemischer Supervision im Besonderen ausgeführt und relevante Leitideen systemischer Supervision entwickelt wurden, wird nun der Frage nachgegangen, aus welchen theoretischen und metatheoretischen Wurzeln sich systemische Supervision nährt und welche Praxisrelevanz diese Wurzeln haben.

Von Bedeutung ist, dass sich systemische Supervision auf theoretische und metatheoretische Ansätze verschiedener wissenschaftlicher Disziplinen stützt, die in ihrer Gesamtheit ein allgemeines Paradigma darstellen, jedoch keine in sich abgeschlossene Theorie. Diese Ansätze beziehen sich allgemein auf die Prinzipien systemischen Denkens. Sie teilen den nichtlinearen Umgang mit Komplexität und favorisieren Konzepte multifaktorieller Erklärungsmodelle. Ihnen gemeinsam ist ebenso, dass ihre Annahmen auf Grund ihres hohen Abstraktionsgrades auf ganz unterschiedliche Fachbereiche und Inhalte anwendbar sind. Zu den theoretischen und metatheoretischen Wurzeln systemischer Supervision zählen verschiedene systemtheoretische und konstruktivistische Ansätze. Zu den systemtheoretischen bzw. der Systemtheorie nahestehenden Ansätzen zählen die Kybernetik erster Ordnung, die Allgemeine Systemtheorie, die Ökologie des Geistes, die Kybernetik zweiter Ordnung, die Kommunikationstheorie, die Chaostheorie, die Theorie sozialer Systeme. Zu den konstruktivistischen und ihnen nahestehenden Ansätzen zählen die Differenztheorie, die Kybernetik zweiter Ordnung, die Autopoiesetheorie, der radikale Konstruktivismus und der soziale Konstruktionismus, um nur die wichtigsten zu nennen. Jeder dieser Ansätze hat seine spezifischen Besonderheiten, die ihn für die systemische Supervision besonders nützlich macht. Die folgende Darstellung der für das systemische Denken und Handeln einflussreichsten Theorien und Metatheorien ist ausgesprochen knapp und komprimiert. Sie konzentriert sich vor allem auf solche Elemente, die für ein theoretisches und praktisches Verständnis systemischer Supervision wichtig sind.

3.1 Systemtheorie

3.1.1 Die Kybernetik erster Ordnung

Zunächst ist die Kybernetik (erster Ordnung) zu nennen, die u. a. von dem Mathematiker Norbert Wiener (1948) als Lehre von der Regelung und Steuerung komplexer technischer, sich selbst regelnder Systeme erdacht wurde und Steuerungsprozesse in Maschinen und Elektrorechnern, d. h. in nichtlebenden Systemen, erforscht, u. a. mit Fragen nach der Erhaltung von Gleichgewichten sowie mit Fragen nach Veränderung in Systemen. Hintergrundidee dieser Forschungen ist die mechanische Steuerbarkeit komplexer Systeme, die über die Angleichung eines Ist-Zustandes an einen erwünschten Soll-Zustand mittels Information erreicht werden soll. Das sogenannte negative Feedback zeigt dabei die Abweichung vom Soll-Zustand an und leitet entsprechende Korrekturen ein. Systeme sind durch sog. Rückkoppelungsprozesse in der Lage, einen Zustand der Homöostase aufrechtzuerhalten, in dem sie Veränderungen in ihrer Umwelt aktiv ausgleichen können.

Die Kybernetik erster Ordnung hat im Rahmen von Organisations- und Politikberatung vor allem in Bereichen, in denen es um Regulationsprozesse geht, besonderen Anklang gefunden. Vor allem die Idee, dass Systeme zielgerichtet steuerbar seien dadurch, dass ihre Strukturen und Funktionen erfasst und analysiert werden, war von großer Attraktivität.

3.1.2 Die Allgemeine Systemtheorie

Die Allgemeine Systemtheorie, die in den 1930er Jahren von dem Philosophen und Biologen Ludwig von Bertalanffy (1968) in Abgrenzung von der Forschungspraxis der klassischen Naturwissenschaften begründet wurde und sich als eine „Theorie des Lebendigen" versteht, begreift jeden lebenden Organismus als ein offenes System, das im Fließgleichgewicht mit seiner Umwelt steht und infolgedessen die Menge der ihm zugeführten Energie in gleichem Ausmaß wieder abgibt. Statt Ereignisse isoliert zu betrachten, fokussiert die Allgemeine Systemtheorie auf Phänomene in ihrer Vernetzung und führt den Systembegriff ein. Systeme werden als gedankliche Konstrukte definiert, die verschiedene Elemente und Relationen als Einheit betrachten und von ihrer Umwelt unterscheiden (System-Umwelt-Differenz). Die Allgemeine Systemtheorie untersucht Systeme in Bezug auf ihren strukturellen Aufbau und ihre Funktionen unter Verzicht einer Bezugnahme auf lineare Kausalitäten. Erstmals werden gemeinsame Gesetzmäßigkeiten physikalischer, biologischer und gesellschaftlicher Phänomene benannt und als komplexe Wechselwirkungszusammenhänge beschrieben. Die Allgemeine Systemtheorie macht Systeme in Bezug auf ihre Organisation, z. B. Regeln, Grenzen, Hierarchien, Koalitionen, und in Bezug auf ihre Funktionen vergleichbar.

Für die systemische Supervision sind diese von der Allgemeinen Systemtheorie beschriebenen Organisationsprinzipien von Systemen auch heute noch von Interesse. Auch wenn sich systemische Supervision in der Zwischenzeit vor dem Hintergrund der Kybernetik zweiter Ordnung bewusst ist, dass Strukturen und Funktionen Denkmodelle sind und ihre Beschreibung abhängig von den Beschreibenden ist, arbeitet sie doch häufig mit diesen Unterscheidungen. So lassen sich z. B. für institutionelle Systeme wie Schulen, Kliniken, Beratungsstellen unterschiedliche systemtypische Regeln im Sinne von Spielregeln benennen, die befolgt werden wollen, wenn sich jemand als zum System gehörend definieren möchte. Die Reflexion und Benennung solcher Spielregeln in der systemischen Supervision kann es den SupervisandInnen ermöglichen, sich von den sie beschäftigenden Geschehnissen in ihrer Institution zu lösen, andere Gedanken und Gefühle zu entwickeln und in der Folge eine andere Haltung einzunehmen, bzw. ein anderes Verhalten zu zeigen.

3.1.3 Die Ökologie des Geistes

Einen maßgeblichen Beitrag für die Entwicklung systemischen Denkens hat der Anthropologe, Biologe und Sozialwissenschaftler Gregory Bateson mit seinem Werk *Die Ökologie des Geistes* (1972) geleistet. Er sieht Erkenntnistheorie als eine unteilbare, integrierte Metawissenschaft an, deren Thema die Wissenschaft des Geistes im weitesten Sinne ist, und wendet sich damit gegen die Tendenz der klassischen Naturwissenschaften, ihre Forschung auf die pure Materie zu begrenzen. Gregory Bateson betrachtet es als die Aufgabe der Kybernetik, über wissenschaftliche Fachbereiche hinweg nach verbindenden Formen und Mustern zu suchen, und versteht in diesem Zusammenhang Ästhetik als Aufmerksamkeit für „das Muster, das verbindet".

Als grundlegende Operation von Wahrnehmung sieht er die Unterscheidung an; als veränderungsrelevante Information definiert er „Unterschiede, die Unterschiede machen". Er macht auch darauf aufmerksam, dass der Name für etwas nicht mit dem benannten Gegenstand zu verwechseln ist, und zitiert in diesem Zusammenhang den inzwischen zum Allgemeingut gewordenen Gedanken Alfred Korzybskis, „dass die Landkarte nicht die Landschaft ist". Gregory Bateson entwickelte über die Beschreibung typischer familiärer Kommunikationsmuster ein neues Verständnis der „Geisteskrankheiten" und zeigte auf, wie auch in der alltäglichen Kommunikation aus symmetrischen und komplementären Interaktionsmustern Zerwürfnisse bzw. Konflikte entstehen und wie diese mit Hilfe der Musterperspektive erkannt und aufgelöst werden können.

> Die systemische Supervision leitet aus der „Ökologie des Geistes" ihre zentrale Funktion ab, die wir auch als Metafunktion bezeichnen können, nämlich „einen Unterschied zu machen, der einen Unterschied macht." Das Ergebnis einer gelungenen Supervision lässt sich also nicht nur darin ablesen, dass die SupervisandIn passende Lösungen für ihre Fragestellungen gefunden hat, sondern auch darin, dass diese Lösungen in gewisser Weise anders beziehungsweise neu in Bezug auf ihre Gedanken- und Gefühlswelt sind, dass sie also eine andere Haltung ermöglichen, die wiederum verändertes Handeln zur Folge haben kann (vgl. Beispiele in den Kapiteln 6–11).
>
> Eine weitere Idee aus der Ökologie des Geistes, die für die systemische Supervision von großer Bedeutung ist, ist es, die Muster hervorzuheben, die menschliche Beziehungen ausmachen. Ein Musterverständnis ergänzt nicht nur die inhaltliche Beschreibung eines Problems, es erlaubt auch darüber hinaus, Erkenntnisse zum jeweiligen inhaltlichen Gegenstand auf der Metaebene zu gewinnen. So kann z. B. in der systemischen Supervision der Blick auf offenbare Wiederholungen bzw. auf typische Strukturen in der Beziehungsgestaltung der SupervisandIn gerichtet werden. Wo Lösungen auf inhaltlicher Ebene oft nur schwer zu finden sind,

helfen das Erkennen und Beschreiben von Mustern in der Regel, Verhaltens- und Musterveränderungen vorzunehmen und damit Probleme oder Konflikte leichter und nachhaltiger zu lösen.

3.1.4 Die Kommunikationstheorie

Die von Paul Watzlawick in dem von ihm mitverfassten Klassiker *Menschliche Kommunikation* (Watzlawick et al. 1974) entwickelte Kommunikationstheorie bezieht sich auf Merkmale und Stellenwert von Kommunikation in zwischenmenschlichen Beziehungen. Sie basiert auf fünf Axiomen. Das *erste* Axiom: „Man kann nicht *nicht* kommunizieren“, verweist darauf, dass jegliches menschliche Verhalten, also auch Schweigen und passives Verhalten, Mitteilungscharakter hat. Das *zweite* Axiom: „Jede Kommunikation hat einen Inhalts- und einen Beziehungsaspekt“, gibt zu bedenken, dass nicht nur auf der sachlichen Ebene, auf der Inhalte, d. h. Daten und Fakten, mitgeteilt werden, sondern auch parallel auf der Beziehungsebene kommuniziert wird, und zwar darüber, wie diese Inhalte aufzufassen sind. Das *dritte* Axiom: „Die Natur einer Beziehung ist durch die Interpunktion der Kommunikationsabläufe seitens der Interaktionspartner bedingt“, macht darauf aufmerksam, dass menschliche Kommunikation nicht in Kausalketten auflösbar ist; so ist es z. B. bei einem Konflikt schwer entscheidbar, wer angefangen hat. Anfänge werden subjektiv gesetzt als sogenannte Interpunktion von Ereignisfolgen. Das *vierte* Axiom: „Menschliche Kommunikation bedient sich digitaler und analoger Modalitäten“, macht deutlich, dass nicht nur das gesprochene Wort, sondern auch die nonverbale Kommunikation (z. B. Mimik, Gestik, Tonfall) Mitteilungscharakter hat. Digitale Kommunikation bezieht sich in der Regel auf die Inhaltsebene, wohingegen die Beziehungsebene oft analog vermittelt wird. Die Wahrscheinlichkeit, dass Kommunikation gelingt, erhöht sich, wenn digitale und analoge Botschaften als übereinstimmend erlebt werden. Das *fünfte* Axiom: „Zwischenmenschliche Kommunikationsabläufe sind entweder symmetrisch oder komplementär“, besagt, dass Beziehungen sich sowohl durch das Vorhandensein von Gleichheit bzw. Ähnlichkeit im Verhalten der InteraktionspartnerInnen (symmetrische Beziehungen) charakterisieren können als auch durch Ungleichheit bzw. Unterschiedlichkeit (komplementäre Beziehungen).

Die Kommunikationstheorie Paul Watzlawicks ist im Rahmen systemischer Supervision nicht nur für das theoretische Verständnis zwischenmenschlicher Kommunikation von großer Bedeutung, sondern vor allem für das praktische Handeln. Konkret wird dies in der hohen Aufmerksamkeit, die der Gestaltung von Kommunikationsprozessen in der systemischen Supervision gezollt wird.

Die Kommunikation zwischen SupervisorIn und SupervisandIn steht dabei im besonderen Fokus der Betrachtung. In der supervisorischen Interaktion machen Inkongruenzen in der aktiven und passiven, in der inhaltlichen und beziehungsbezogenen, in der digitalen und analogen Kommunikation in der Regel darauf aufmerksam, dass Lösungen noch nicht „passen“. (Dass „zufriedenstellende“ Lösungen gefunden worden sind, wird in der Regel auf analoger Ebene von einem entspannteren Gesichtsausdruck oder gar einem Lächeln begleitet.)

Aber auch in der Reflexion der zur Supervision stehenden beruflichen Beziehungen der SupervisandInnen sind die aus den watzlawickschen Axiomen gewonnenen Erkenntnisse höchst relevant. So können sie etwa zum einen für den beruflichen Alltag neue Interpretationsmöglichkeiten hinsichtlich des Verhaltens der KollegInnen eröffnen, zum anderen neue Ideen für die Entwicklung von eigenen Klärungs- oder Konfusionsstrategien im Umgang mit diesen KollegInnen bereitstellen. Nicht zuletzt helfen die Axiome auch im Umgang mit Konflikten, welche die KlientInnen beschäftigen. So kann z. B. die SupervisandIn im Hinblick auf das vierte watzlawicksche Axiom schneller darauf aufmerksam werden, dass sie sich von der Interpunktion einer KlientIn in ein lineares Ursache-Wirkungs-Denken hat verführen lassen.

3.1.5 Die Chaostheorie

Die Chaostheorie, auch Theorie dynamischer Systeme, die u. a. durch den Physiker und Chemiker Ilya Prigogine (1995) und den Mathematiker und Wetterforscher Edward Lorenz geprägt wurde, beschäftigt sich als Teilgebiet der Mathematik und Physik mit der Theorie der nichtlinearen Dynamik komplexer Systeme. Sie erforscht unvorhergesehene und ungeplante Veränderungen in Systemen und nichtlineare Veränderungsprozesse. Vor allem dem dynamischen Wechselspiel zwischen stabilen und instabilen Prozessen in der Entwicklung von Systemen misst sie große Bedeutung bei. Im scheinbar regellosen Verhalten chaotischer Systeme entdeckt sie universelle Strukturen und Prinzipien insbesondere bei Übergängen von stabilen zu instabilen Prozessen.

Sie untersucht, warum in manchen Fällen Systeme mit verschiedenen Anfangsbedingungen zu demselben Verhalten tendieren, und entdeckt die elementare Rolle sogenannter Attraktoren in der Organisation von Systemverhalten insbesondere in den Übergangsbereichen zwischen Ordnung und Chaos. Diese Attraktoren können die Form von Fraktalen, von selbstähnlichen Strukturen, haben, d. h., das Muster des Ganzen wiederholt sich im Kleinen. Die Chaosforschung macht darauf aufmerksam, dass entgegen dem Kausalitätsprinzip gleiche Ursachen nicht gleiche Folgen haben müssen und kleine Änderungen unverhältnismäßig weit reichende Folgen nach sich ziehen können (Schmetterlingseffekt). Demnach erlaubt keine noch so genaue Systemanalyse eine Prognose des künftigen Systemverhaltens.

Ilya Prigogine ging von der Existenz geschlossener und offener Systeme aus und untersuchte die dissipativen Strukturen, d. h. die Nichtgleichgewichtsstabilität offener Systeme. Er erforschte energetisch offene Systeme, die im Gegensatz zu geschlossenen Systemen einem ständigen Energiefluss unterliegen und sich daher nicht im thermodynamischen Gleichgewicht befinden. Mit seinen Forschungen erschuf er auch ein Modell, das die Vorgänge der Evolution erklären kann. Er wendete sich mit seinem Ansatz gegen eine zu enge Fassung der Naturgesetze, die der Vielschichtigkeit und der Sprunghaftigkeit der Natur nicht gerecht werde. Dabei kam er zu dem Schluss, dass sich auch offene Systeme zu einer höheren Ordnung entwickeln, dass jedoch bereits kleine Variationen der Systemparameter die Ordnung zerstören und das System in eine chaotische Phase übergehen lassen können. Oft werden erst durch Fluktuationen, wie sie nur in chaotischen Systemen vorkommen, neue Ordnungen geschaffen.

Die Affektlogik, die von dem Psychiater Luc Ciompi (1982, 1997) entwickelt wurde, greift chaostheoretische Überlegungen insofern auf, als sie affektive Stimmungen als chaotische Attraktoren versteht, die „alles Wahrnehmen und Denken in ihren Bann ziehen“. Dies geschieht – gemäß ihrer Selbstähnlichkeit – im Kleinen wie im Großen.

Die Affektlogik geht davon aus, dass Menschen nicht „nicht affektiv" gestimmt sein können, und erweitert mit dieser Annahme das erste Axiom Paul Watzlawicks durch die Einbeziehung von Kognition und vor allem Emotion in die zwischenmenschliche Kommunikation. Affekte werden als umfassende psychophysische Gestimmtheiten von unterschiedlicher Dauer verstanden, die von Kognitionen wahrgenommen und als emotionale Unterschiede weiterverarbeitet werden. Affektive und kognitive Komponenten wirken untrennbar zusammen. Logik ist die Art und Weise, wie Kognitionen miteinander verbunden werden. Verhalten resultiert aus dem jeweiligen Verbund von Kognitionen und Affekten, ebenso wie Kognitionen und Affekte aus dem entsprechenden Verhalten folgen. Affekte, Kognitionen und Verhalten verbinden sich zu integrierten Fühl-, Denk- und Verhaltensprogrammen, die sich u. a. in intrapsychischen und sozialen Dimensionen manifestieren können.

In der systemischen Supervision ist die Idee der Musterähnlichkeit der Fraktale vor allem in der Beschreibung isomorpher, d. h. selbstähnlicher Muster eine große Bereicherung. Es ist ein enormer Gewinn, im Supervisionsprozess auch solche Supervisionsfragen zu bearbeiten, welche die Emotionen der SupervisandInnen zum Vorschein bringen. Dies ist in der systemischen Supervision eine neuere Entwicklung, da sie in ihren Anfängen eher kognitiv und auf Verhalten hin orientiert war. Emotionen jeglicher Art, also auch Ärger, Trauer oder Freude, können jedoch als Ressourcen angesehen werden, welche die Wahrnehmung der SupervisandInnen beeinflussen und somit auch für Veränderungsprozesse genutzt werden können. In der Supervision erarbeitete Lösungen erweisen sich als umso nachhaltiger, je stärker sie auf allen drei Ebenen der Affektlogik, der affektiven, der kognitiven und der Handlungsebene, ankoppeln und mit konkreten Anregungen verbunden werden konnten.

Auch die ebenfalls aus der Chaostheorie stammende Erkenntnis, dass jede Kleinigkeit große Folgen haben kann, ist für die Gestaltung von Supervisionsprozessen von großer Tragweite. Sie unterstützt die auch aus der supervisorischen Praxis gewonnene Erfahrung, dass es in vielen Suchprozessen ausreicht, eine Musterverstörung vorzunehmen und eine neue Bewegung anzustoßen. Probleme und ihre Lösungen müssen nicht immer durchgearbeitet werden. Die Sprunghaftigkeit von Veränderungsprozessen wird dann deutlich, wenn im Laufe eines Supervisionsprozesses schon durch eine kleine Intervention, z. B. durch eine positive Umdeutung oder durch das Stellen der Wunderfrage, d. h. der Vorwegnahme des erwünschten Zustandes oder Ziels, eine offensichtliche Wende der SupervisandIn hinsichtlich ihrer Problembetrachtung eintreten kann.

3.1.6 Die Theorie sozialer Systeme

Die Theorie sozialer Systeme, die der Soziologe Niklas Luhmann im Rahmen einer allgemeinen Gesellschaftstheorie (1984) entwarf, ermöglicht es, größere Organisationen und gesellschaftliche Teilsysteme zu analysieren, ihre Komplexität zu reduzieren und ihre Strukturen und Funktionen zu untersuchen.

Die Elemente sozialer Systeme sind nicht handelnde Menschen, sondern Kommunikationen. Menschen werden als psychische Systeme begriffen, die als autopoietisch und operational angesehen werden, deren Aktivität jedoch im Denken liegt, nicht in der Kommunikation. In sozialen Systemen kommunizieren Kommunikationen also mit Kommunikationen. Soziale Systeme werden als etwas grundlegend anderes als eine Ansammlung von psychischen Systemen angesehen, sie produzieren Kommunikation und erzeugen dadurch Sinn. Sie grenzen sich selbst durch ihre eigenen Operationen von ihrer Umwelt ab. Soziale und psychische Systeme sind wechselseitig füreinander Umwelt und benötigen einander gegenseitig für die Realisierung ihrer Operationen.

Ebenso wie die bereits genannten systemtheoretischen Wurzeln systemischer Supervision fragt die Theorie sozialer Systeme, im Unterschied z. B. zu personenzentrierten oder handlungstheoretischen Ansätze, nicht nach dem Warum, sondern nach dem Wie sozialer Zusammenhänge. Dadurch wird es möglich, den Begriff des Sozialen nicht normativ, sondern funktional zu erfassen. Zudem ermöglicht es die Theorie dadurch, dass sie dem Funktionalen gegenüber strukturellen Aspekten Priorität eingeräumt, Strukturen selbst zu überprüfen und gegebenenfalls zu hinterfragen.

Die auch innerhalb der Systemtheorie völlig neue Sichtweise liegt offensichtlich in der Fokussierung auf Kommunikationen als zentrale Einheiten des Sozialen. Als zentrale Systemelemente sozialer Systeme werden die Kommunikationen und nicht die Menschen angesehen.

Ähnlich wie die weiter unten behandelte Autopoiesetheorie betont die Theorie sozialer Systeme die operationale Geschlossenheit und Selbstorganisiertheit von Systemen und erklärt Entwicklung über deren strukturelle Kopplung. Im Unterschied zu den später dargestellten konstruktivistischen Ansätzen vernachlässigt die Theorie sozialer Systeme allerdings den für die Kybernetik zweiter Ordnung zentralen Aspekt der Beobachtung der Beobachtung. Sie geht davon aus, dass es Systeme wirklich gibt. Die Unterscheidung zwischen System und Umwelt trifft demnach nicht die BeobachterIn, sondern das System selbst durch seine Operationen und Anschlussoperationen.

Für die systemische Supervision ist die in der Theorie sozialer Systeme angelegte Unterscheidung sozialer und psychischer Systeme von zentraler Bedeutung. Für die Arbeit mit sozialen Systemen, vor allem mit größeren Organisationen und Teams, stellt die Fokussierung auf Kommunikationen statt auf Menschen eine große Vereinfachung im Sinne einer Komplexitätsreduktion dar, da z. B. die Intentionen und Motivationen der vielen in einer Organisation oder einem Team arbeitenden Menschen in den Hintergrund treten und nur insofern Beachtung finden, als sie auch kommuniziert werden. Die Problembeschreibungen von SupervisandInnen fokussieren z. B. in der Teamsupervision häufig auf als defizitär erlebte personelle Aspekte, deren Thematisierung in der Supervision oft mit dem Risiko einhergeht, anwesende betroffene KollegInnen zu verletzen. So liegt gerade in der Arbeit mit größeren Systemen im Fokuswechsel hin auf die Kommunikation eine Chance, der Diskussion eine konstruktive Wendung zu geben. Ein weiterer wichtiger Aspekt liegt in der Konzeptualisierung der sozialen Rolle des Individuums. Das Individuum wird in einer Organisation oder einem Team über seine Funktion definiert und ist infolgedessen, anders als im familiären Kontext, potenziell ersetzbar. Die Erkenntnis, dass die Austauschbarkeit der Person in Arbeitszusammenhängen zu den allgemeinen Spielregeln von Institutionen gehört, kann

z. B. in der Supervision dabei helfen, persönliche Kränkungen zu bearbeiten.

Für die Arbeit mit psychischen Systemen im Rahmen systemischer Supervision stellt die Theorie sozialer Systeme als soziologische Theorie nur bedingt Hilfreiches zur Verfügung. Im Vordergrund stehen hier zweifelsohne Fragen des Fühlens, Denkens und Handelns. Von Interesse ist in diesem Zusammenhang allerdings die Überlegung, dass soziale Systeme und Kommunikationen als deren Elemente für die psychischen Systeme, also für die Menschen, lediglich Umwelt darstellen.

3.2 Differenztheorie

Die *Gesetze der Form*, die George Spencer-Brown (1997) als operatives logisches Kalkül formuliert hat, zeigen auf, wie Wirklichkeitskonstruktionen zu Stande kommen. BeobachterInnen konstruieren die Wirklichkeit, indem sie auf das einfache Operationsprinzip der Unterscheidung zurückgreifen. Eine Beobachtung besteht nach George Spencer-Brown aus zwei Unterscheidungen: dem Treffen einer Unterscheidung, d. h. dem Markieren eines Raums, und dem nochmaligen Treffen einer Unterscheidung, dem Benennen oder Bezeichnen des markierten Raums. Den markierten Raum kann man sich z. B. als Ergebnis einer auf eine Tafel gezeichneten Linie vorstellen. Keine der beiden durch die trennende Linie entstandenen Seiten ist aus sich selbst heraus von Bedeutung, die markierte Seite wird nur durch die gewählte Bezeichnung in den Vordergrund der Beobachtung, d. h. der Aufmerksamkeit gerückt.

Ein einfaches Beispiel macht deutlich, was gemeint ist. Wenn die markierte Fläche mit „aktiv“ bezeichnet wird, erfolgt damit gleichzeitig eine Aufteilung der zur Verfügung stehenden Fläche auf der Tafel, d. h., die Wirklichkeit wird in diesem Falle in aktive und nichtaktive Anteile aufgeteilt. Der „aktive“ Teil bekommt als markierter Teil die Aufmerksamkeit der beobachtenden Person, der „nichtaktive“ Teil stellt die nichtmarkierte Seite der Unterscheidung dar und verschwindet vom Bildschirm der Beobachtung. Aber nur beide Seiten zusammen, also „aktiv/nichtaktiv“, bilden die beobachtete Wirklichkeit ab.

Ein anderes Beispiel ergibt sich aus einer Unterscheidung anhand eines auf eine Tafel gezeichneten Kreises, dessen Innenfläche als „Supervisionssystem“ bezeichnet wird. Der nichtmarkierte Raum außerhalb des Kreises wird „Umwelt“ oder „Kontext“ genannt. Auch in diesem Beispiel ist keine der beiden Seiten aus sich selbst heraus von Bedeutung. Fritz B. Simon macht darauf aufmerksam, dass es wichtig ist, beide Seiten der Unterscheidung zu benennen, den markierten und den nichtmarkierten Raum, da ansonsten die Gefahr besteht, den nichtmarkierten Bereich wegzudenken und damit von einem elementaren Bestandteil des Beobachteten zu abstrahieren. Wenn so getan wird, als spielte der nicht markierte Teil in der Beobachtung keine Rolle, gerät er aus dem Blickfeld und wird zum blinden Fleck (Simon 2006).

Da jegliche Bezeichnung eine Unterscheidung zum Ausgangspunkt hat, sind die Gesetze der Form auch für die systemische Supervision von elementarer Bedeutung. Sie verweisen auf die Überlebenseinheit System/Umwelt und erleichtern durch die Betrachtung der jeweils anderen, unter Umständen nichtbenannten Seite, die Arbeit an den Ambivalenzen, an den Lösungsalternativen und an der Zielerreichung. Weiter unten wird dies an einem Beispiel anlässlich der Allparteilichkeit als Handlungsmaxime nochmals aufgegriffen und vertieft.

3.3 Konstruktivismus

3.3.1 Die Kybernetik zweiter Ordnung

Von überragender Bedeutung für die systemische Supervision ist die Kybernetik zweiter Ordnung oder Kybernetik der Kybernetik, die von dem Physiker Heinz von Foerster (1993; vgl. auch von Foerster u. Pörksen 2004) entwickelt wurde. Er benannte als zentrales Prinzip kybernetischen Denkens die Zirkularität und verwies auf die Selbstreferenzialität von Erkenntnis. Selbstreferenzialität hebt hervor, dass jede Beobachtung von einem Beobachter gemacht wird und infolgedessen die Beobachtung des Beobachters zum Mittelpunkt hat. Der Beobachter steht nach diesem Verständnis nicht außerhalb des von ihm beobachteten Bereichs, sondern ist Teil dessen, was er beobachtet. Die objektive Welt wird vom Beobachter nicht entdeckt, sondern erfunden. Die Postulierung von Objektivität ist nach Heinz von Foerster der irrtümliche Glaube, dass die Eigenheiten des Beobachters keinen Eingang in die Beschreibungen seiner Beobachtungen fänden. Die Umwelt selbst enthält keine Information; die Umwelt ist, was sie ist.

Abb. 1: Die Beobachtung der Beobachtung

Das Menschenbild der Kybernetik zweiter Ordnung sieht den Menschen als selbstreferenziell, d. h. als nichttriviale Maschine und somit von außen nicht instruierbar. Der Mensch ist eher als Möglichkeitswesen zu verstehen, das sich auf oft überraschende Weise verhält. Auch wenn es manchmal gelingt, dass in der alltäglichen Interaktion Erwartungen erfüllt werden, ist von einer grundsätzlichen Unvorhersehbarkeit menschlicher Verhaltensweisen auszugehen (von Foerster u. Pörksen 2004).

Aus diesem Menschenbild werden maßgebliche ethische Folgerungen für das handelnde Individuum abgeleitet. „Wenn ich selbst der Einzige bin, der letztlich entscheidet, wie ich handle, dann bin ich für meine Handlungen auch verantwortlich.“ Eine weitere ethische Forderung geht dahin, die eigenen blinden Flecken zu bedenken, Aussagen über die Welt als eigene Erfindung zu begreifen und Gewissheiten in jeder Form in Zweifel zu ziehen. Der ethische Imperativ Heinz von Foersters lautet infolgedessen: „Handle stets so, dass sich die Anzahl der Wahlmöglichkeiten erhöht." Die Kybernetik zweiter Ordnung hat insofern vor allem für die ethische Grundhaltung systemischer SupervisorInnen besonderes Gewicht.

Im Kontext systemischer Supervision ziehen von Foersters Ideen nach sich, dass alle Aussagen und Beschreibungen, die wir hinsichtlich der Wirklichkeit des Supervisionssystems machen, mit unserer jeweiligen Perspektive als Beobachtende zusammenhängen und insofern subjektiv zu verstehen sind. Dies hat mehrere Auswirkungen: Die SupervisorIn darf sich trotz ihres fachlichen Wissens in sokratischer Bescheidenheit einer wissentlich Nichtwissenden üben. Sie kann sich zudem von der Idee, dass es eine einzig richtige Antwort gibt, verabschieden und mit den SupervisandInnen eine Vielzahl von Möglichkeiten entwickeln, aus denen die SupervisandIn die für sie am besten passenden Optionen auswählen kann.

Die Annahme der Beobachterabhängigkeit der Beobachtungen bedeutet auch, dass die SupervisorIn zum einen ihr Denken und Handeln selbst hinterfragt und ihre eigene Einschätzung der zur Supervision gebrachten Thematik nicht als die einzig gültige, sondern als eine von mehreren Sichtweisen ansieht und zur Diskussion stellt. Zum anderen wird es für sie wichtig, dass sie durch zirkuläre Fragen möglichst viele Perspektiven aller Beteiligten, oft auch der Nichtanwesenden, recherchiert und im supervisorischen Dialog immer wieder auf die Abhängigkeit der Problem- und Lösungsbeschreibungen von der jeweiligen Perspektive hinweist. Probleme und Sackgassen bestehen nicht unabhängig von der eigenen Perspektive.

Erkenntnis und Handlungspraxis bedingen sich gegenseitig. Die SupervisorIn ist keine außenstehende BeobachterIn, die eine von ihr getrennte Wirklichkeit betrachtet. Sie ist Teil des Supervisionssystems, das sie gemeinsam mit den SupervisandInnen kreiert, beide zusammen bringen die Supervisionswirklichkeit hervor. Wenn sich z. B. eine Supervision als zäh und langatmig erweist, so kann sich die SupervisorIn nicht mehr so einfach über ein „zähes" Team beklagen, sie muss vielmehr ihr eigenes Tun hinterfragen und herausfinden, wie es ihr gelungen ist, durch ihre Fragen zu einer zähen und langatmigen Kommunikation beigetragen zu haben. Im nächsten Schritt kann sie dann überlegen, wofür die „Zähigkeit" gut sein könnte und was sie in Zukunft machen könnte, um gegebenenfalls mehr Lebendigkeit in die Supervision zu bringen.

Die Nichttrivialität des Menschen bedeutet in der systemischen Supervision, dass die SupervisorIn z. B. bei der Erarbeitung von Lösungsszenarien Handlungsempfehlungen entwickelt, die der SupervisandIn einen gewissen Spielraum lassen, damit bei ihr nicht die Assoziation zu schulischen Hausaufgaben entsteht, bei denen es immer nur eine richtige Lösung gibt. Systemische Supervision kann in diesem Sinne als eine Praxis der Möglichkeiten begriffen werden. Dadurch, dass in ihr viele Positionen nebeneinandergestellt werden und zur Geltung kommen, wendet sie sich gegen Gewissheit und vorschnelle Sicherheit und inspiriert zu immer neuen Sichtweisen.

3.3.2 Die Autopoiesetheorie

Die Autopoiesetheorie, die von den Neurobiologen Humberto Maturana und Francisco Varela in ihrem Hauptwerk *Der Baum der Erkenntnis* (1987) formuliert wurde, bezieht sich auf die biologischen Wurzeln menschlichen Erkennens. Sie definiert lebende Systeme über ihre Organisationsform und nicht über spezifische inhaltliche Kriterien, wie z. B. Stoffwechsel und Energieumsatz. Sie sieht lebende Systeme als sich selbst erzeugende, also autopoietische Einheiten, die operational geschlossen, energetisch allerdings offen sind. Ihre operationale Geschlossenheit besteht darin, dass sie nur über eigene Operationen verfügen und nur das aufgreifen können, was sich in ihren eigenen operationalen Code fügt. Dies macht sie autonom gegenüber ihrer Umwelt, lässt sie beliebige Umweltkomplexität tolerieren und zeigt die Begrenzung externer Einflussnahme auf. Die Umwelt kann lediglich anstoßen, anregen oder verstören, aber keine Strukturveränderung im System bewirken. Veränderungen im System werden vom System selbst entsprechend seiner autopoietischen Organisation vorgenommen durch Produktion, Transformation oder Destruktion einzelner Bestandteile.

Die Theorie der Autopoiese versteht Erkennen selbst als einen autopoietischen Prozess. Wahrnehmen erfolgt im Kontakt mit der Umwelt als selbstreferenzieller Vorgang. Wir hören, was wir hören, und das ist nicht zwingend mit dem identisch, was ein anderer sagt oder meint. Das menschliche Gehirn wird als „nicht weltoffen" gesehen, und es wird auch nicht angenommen, dass die menschlichen Sinnesorgane die Welt nach innen abbilden, wie dies der kritische Realismus vermutet. In der Autopoiesetheorie wird vielmehr davon ausgegangen, dass das Gehirn nur mit den eigenen Zustandsveränderungen umgehen kann und daher alle Bewertungs- und Bedeutungskriterien aus sich selbst heraus entwickelt. Dabei ist ein System konservativ, d. h., es ist bestrebt zu wiederholen, was einmal funktionierte. Es arbeitet ständig in der Gegenwart, d. h., obwohl durch die Geschichte der Interaktionen geformt, ist die Vergangenheit auch in der Gegenwart konstruierte Vergangenheit (Maturana 1986).

Für die systemische Supervision bedeutet die Idee der Autopoiese, dass Menschen als autonom und selbstorganisiert gesehen werden. Dies hat Auswirkungen auf das supervisorische Handeln der SupervisorIn. Die SupervisorIn kann die Vorstellung aufgeben, dass ihre „Interventionen" unmittelbare bzw. lineare Auswirkungen auf die SupervisandInnen haben und in der Art und Weise befolgt werden, wie sie geäußert wurden bzw. „gemeint" waren. Ideen von außen werden nur dann von SupervisandInnen als handlungsleitend übernommen, wenn sie an schon vorhandene Ideen anschließen können bzw. wenn sie passend sind. In der Supervision können infolgedessen lediglich festgefahrene Problemsichten bzw. überkommene Muster verstört oder Anstöße und Anregungen für Lösungsfindungen gegeben werden. Ob eine in der Supervision erzeugte Idee für die SupervisandIn ankopplungsfähig war, ist daher gesondert zu prüfen.

3.3.3 Der radikale Konstruktivismus

Der radikale Konstruktivismus, der von dem Mathematiker, Philosophen und Psychologen Ernst von Glasersfeld (1978) entwickelt wurde, geht davon aus, dass jedes Wissen eine Konstruktion ist, weil es für den Menschen keinen direkten Zugang zur Realität an sich gibt. Von Glasersfeld spricht von Wissenstheorie und nicht von Erkenntnistheorie, da das Wort „Erkenntnis" nahelegt, es gebe die Widerspiegelung einer Welt, die außerhalb des kognitiven Organismus und unabhängig von ihm existiere. Wirklichkeit wird durch Wahrnehmung und Denken erst erzeugt und wird nicht als Abbildung einer äußeren Realität verstanden. Der radikale Konstruktivismus interessiert sich besonders für die Art und Weise, wie Wahrnehmung erklärt und wie Wissen erlernt und gelehrt werden kann. Wahrnehmung wird nicht als Aufnahme oder Verdoppelung von Information, die von außen hereinkommt, verstanden, sondern als vom Individuum erbrachte Konstruktionsleistung, die es ihm ermöglicht, seine Erfahrungen an sein Wissen anzugleichen und zu strukturieren.

Der radikale Konstruktivismus geht davon aus, dass sich Wissen nicht – zumindest nicht im Sinne des Nürnberger Trichters – vermitteln lässt: „Wissen wird nicht passiv durch die Sinne oder durch Kommunikation erworben, sondern es wird aktiv durch das erkennende Subjekt aufgebaut" (von Foerster u. Pörksen 2004, S. 70). Der Lernende erarbeitet auf nicht voraussagbare Weise sein Wissen selbst in einem kreativen Akt. Beim Erwerb des Wissens steht daher das „Lernenlernen" an erster Stelle. Insofern ist es in Situationen, in denen es im weitesten Sinne um Lernen geht, und dazu zählt auch die Supervision, unabdingbar, eine Atmosphäre herzustellen, in der dieser kreative Prozess möglich ist. Der radikale Konstruktivismus ersetzt zudem als Erkenntnisziel den Begriff der Wahrheit – im Sinne „wahrer" Abbildung einer vom erkennenden Menschen unabhängigen Realität – durch den Begriff der Viabilität, d. h. Gangbarkeit von Lösungswegen bzw. Umsetzbarkeit von Ideen innerhalb der individuellen Erfahrungswelt.

Im Kontext Supervision wird als Folge dieser Ideen eine produktive Lernatmosphäre angestrebt. Sie kann u. a. dadurch hergestellt werden, dass die SupervisorIn der SupervisandIn mit großer Wertschätzung gegenübertritt und sie als ExpertIn für ihr professionelles Handeln betrachtet. Des Weiteren ist es in diesem Zusammenhang hilfreich, auf Fragen nicht zu schnell „richtige" Antworten zu suchen oder gar bereits parat zu haben, da auf diese Weise der Lösungsraum vorschnell geschlossen wird. Stattdessen ist es vorteilhaft, durch unentschiedene oder provozierende Kommentare zu einem Spiel einzuladen, in dem dieser Lösungsraum lange offengehalten und, wenn möglich, sogar noch erweitert wird. Dies kann dadurch gefördert werden, dass die SupervisorIn die SupervisandIn dazu auffordert, Hypothesen zu bilden, zu assoziieren und sich dabei zu erlauben, durchaus auch querzudenken. Die Vieldeutigkeit von Assoziationen ist in einem kreativen Lernprozess erwünscht.

Die Gangbarkeit als Kriterium „guter" Lösungen ist für die Supervision eines der wichtigsten Kriterien überhaupt. Wie oft werden vom Supervisionssystem, sei es von den SupervisandInnen oder den SupervisorInnen, im Sinne einer *best practice* auch „beste" Lösungen erwartet, die oft nicht realisierbare Idealvorstellungen beinhalten. An solchen an einer Norm orientierten und von der Wirklichkeit abgekoppelten Lösungen können SupervisandInnen leicht scheitern, und auch die Supervision verfehlt, wenn sie das Ideal zur Maxime macht, ihr Ziel. Gangbarkeit bemisst sich daran, dass SupervisandInnen eine bildliche Vorstellung vom Lösungsweg und den mit ihm verbundenen konkreten Schritten gewinnen können, dass sie den Weg als für sie passend nachempfinden können und dass sie auch Lust haben, ihn zu beschreiten.

3.3.4 Der soziale Konstruktionismus

Der soziale Konstruktionismus stimmt mit dem Konstruktivismus darin überein, dass die Menschen die Welt, die sie wahrnehmen, selbst konstruieren. Er unterscheidet sich vom radikalen Konstruktivismus jedoch darin, dass er diese Konstruktion als linguistische Leistung betrachtet und nicht als psychologische, biologische oder kognitive (Ken Gergen in Deissler et al. 1994). Die relationale Sichtweise kann als Widerspruch zum, aber auch als Ergänzung des radikalen Konstruktivismus angesehen werden, der von der operationalen Geschlossenheit kognitiver Systeme ausgeht.

Im sozialen Konstruktionismus wird nicht das Denken in den Mittelpunkt gestellt, sondern das Kommunizieren darüber. Wir kommunizieren, also denken wir. Der Dialog wird infolgedessen zur Methode. Wahrheit und Wirklichkeit sind aus sozialkonstruktionistischer Sicht lokale und zeitlich begrenzte Übereinkünfte zwischen Personen. Erkennen, Kommunizieren und Handeln werden als soziale Ereignisse betrachtet, als etwas, das Menschen miteinander tun und das nicht trennbar ist von den gesellschaftlichen, historischen und aktuellen Personen-Raum-Zeit-Zusammenhängen.

In der systemischen Supervision zeigt sich die sozialkonstruktionistische Weltsicht in einer pluralistischen und wertschätzenden Haltung gegenüber der Vielfalt von Lösungen, sie ist damit offen für viele Lösungswege. Durch ressourcenorientierte Dialoge können Unterschiede zwischen „Wissenden“ und „Nichtwissenden“, SupervisorInnen und SupervisandInnen aufgehoben werden; beide zusammen erzeugen in der gemeinsamen Kommunikation die supervisorische Wirklichkeit.

Systemische Supervision betont unter der sozialkonstruktionistischen Sichtweise die Bedeutung von Dialogen und Metaphern für die Konstruktion passender Lösungen. Für die systemische SupervisorIn besonders wichtig ist zudem die Idee, dass im Supervisionsdialog nicht die SprecherIn, sondern die HörerIn die Bedeutung einer Aussage bestimmt. Die Aufmerksamkeit für nonverbale bzw. analoge Signale im Supervisionsprozess ist daher in Übereinstimmung mit der Kommunikationstheorie watzlawickscher Prägung unverzichtbarer Bestandteil einer systemischen Supervision. Wie SupervisandInnen im Supervisionsgeschehen ihre Fragestellungen formulieren, hängt unmittelbar von den Beziehungen ab, in die sie eingebunden sind; und welche Bedeutungen sie den Ereignissen geben, hängt ebenfalls von dem Kontext ab, in dem sie sich befinden. In der Supervision können daher durch veränderte Dialoge neue Bedeutungen erzeugt werden.

Zusammenfassend lässt sich sagen, dass sich die systemische Supervision aus einer Vielzahl theoretischer und metatheoretischer Wurzeln nährt. Dabei haben wir in dieser Einführung noch einige theoretische Ansätze unerwähnt gelassen, deren Reichweite und theoretischer Stellenwert unterschiedlich sind: Zum einen das weit angelegte feministische Paradigma, das u. a. im Konzept der Gender-Sensitivity systemischer Supervision zum Ausdruck kommt. Zum anderen lösungsorientierte und -fokussierte Ansätze (Insoo Kim Berg, Steve de Shazer) und ihre Weiterentwicklungen (Insa Sparrer, Matthias Varga von Kibéd) sowie hypnosystemische Ansätze (Milton Erickson, Gunther

Schmidt), die für die Gestaltung systemischer Supervisionsprozesse unverzichtbar geworden sind. Beginnend in den 1940er Jahren und mit einem Höhepunkt theoretischer Neuerungen in den 1980er Jahren, kann die theoretische Entwicklung systemischen Denkens und Handelns somit auf eine inzwischen lange Geschichte zurückblicken. Anlässlich zahlreicher internationaler Kongresse, von denen einige in Heidelberg stattfanden, konnte die Autorin das Zusammentreffen der verschiedenen DenkerInnen und die Konfluenz ihrer Weltanschauungen, Erkenntnistheorien und Konzepte aus nächster Nähe miterleben und verfolgen.

Die teilweise sehr unterschiedlichen Theorien und Metatheorien haben sich gegenseitig befruchtet, weiterentwickelt und u. a. als Prämissen systemischer Supervision in der systemischen Supervisionspraxis niedergeschlagen. Die Praxis hat allerdings selbst bestimmt, was an den Ideen im systemischen Sinne brauchbar, viabel und nützlich war und ist bzw. in diesem Sinne modifiziert werden konnte. So lässt es sich erklären, dass es in der systemischen Supervision heute nicht die eine Supervisionstheorie gibt und dass Dogmatik in der systemischen Supervision wenig Raum hat.

4. Leitideen systemischer Supervisionspraxis

Mit diesem Kapitel wird der Schritt von der systemischen Theorie zur systemischen Praxis unternommen, in der die theoretischen und metatheoretischen Konzepte, wie sie in den ersten drei Kapiteln dargestellt wurden, als Haltungen und Handlungen richtungweisend auftreten. Ausgehend vom Individuum als der Instanz, die im Dialog mit ihrer Umwelt die eigene Wirklichkeit konstruiert, wird in der systemischen Supervisionspraxis besonders auf den Einsatz von Methoden Wert gelegt, welche die Wahlmöglichkeiten erhöhen und die Eigenverantwortung der SupervisandIn stärken. Übertragen auf größere Systeme, hat dies zur Folge, dass im systemischen Supervisionsprozess Methoden, die Autopoiese und Selbstorganisation unterstützen, bevorzugt angewendet werden. Die Aufmerksamkeit für Beziehungsmuster im systemischen Denken schlägt sich nicht minder in den Methoden systemischer Praxis nieder. Die Haltung der Neugier verwirklicht sich u. a. in der Entwicklung des reichen Repertoires zirkulärer Fragen. Ressourcen- sowie Lösungsorientierung durchdringen ebenfalls als systemische Haltungen in großer Variation die Hypothesenbildungsprozesse. Respekt gegenüber Personen drückt sich in der im Prinzip wertschätzenden Haltung gegenüber den SupervisandInnen aus, die methodenübergreifend für systemische Supervision kennzeichnend ist. Kontrastierend dazu wird die Respektlosigkeit gegenüber erstarrten Ideen forciert, weil sie die manchmal festgefahrene Gedankenwelt der SupervisandInnen durch Verstörung wieder in Bewegung bringen und auf diese Weise neue Impulse für alternative Denkrichtungen geben kann (Cecchin et al. 1993). Gender Sensitivity ist als Haltung vor allem überall da gefragt, wo die Zugehörigkeit zum weiblichen oder männlichen Geschlecht Benachteiligung hervorruft. Im Supervisionsprozess prägt sie dann die Handlung, wenn Beeinträchtigungen aus Gründen der Geschlechtszugehörigkeit, die sich in institutionellen Strukturen und damit verbundenen Funktionen, aber auch auf der Ebene von individuellem Verhalten manifestieren können, als Supervisionsanliegen formuliert werden. Kontextsensibilität als Haltung wird u. a. darin deutlich, dass es auch in der Praxis nicht die jeweils eine richtige Lösung gibt, sondern mehrere Lösungen in Frage kommen, die entsprechend dem Kontext und den in ihm handelnden Personen als mehr oder weniger passend und viabel betrachtet werden.

Während die Theorie also die reiche Quelle der Inspiration für die Praxis darstellt, was wir auch in der Darstellung der einzelnen Theorien und Metatheorien bereits aufzeigen konnten, ist die Praxis der Nährboden für den Erwerb von Erfahrungswissen, das auf die Theorie zurückstrahlt und zu ihrer Weiterentwicklung beiträgt. Theorie und Praxis befruchten sich demnach wechselseitig. Vor allem seine außergewöhnlichen Methoden geben dem systemischen Supervisionsprozess jedoch seine charakteristische Gestalt. Ihre Anwendung benötigt allerdings mehr als ihre theoretische Aneignung, sie erfordert professionelle Anleitung und sehr viel praktische Übung. Die Kunst der Anwendung muss sich der theoretischen Kenntnis hinzugesellen. Insofern erweist sich in der systemischen Supervision die systemische Praxis als eine ebenbürtige Partnerin der systemischen Theorie.

5. Der systemische Supervisionsprozess

Zum Supervisionsprozess gehören im Allgemeinen das Supervisionsanliegen, die Settingwahl und das Aushandeln des Supervisionskontrakts. In allen drei Hinsichten nimmt die SupervisorIn in der Regel die Wünsche der SupervisandInnen auf, da in ihnen im Allgemeinen deren Ressourcen und deren Feldwissen bereits zum Ausdruck kommen. Die SupervisorIn lädt die SupervisandInnen dazu ein, ihr Anliegen in einer Weise vorzutragen, dass sie als handelnde Personen in Erscheinung treten. Im Supervisionsanliegen ist meistens schon eine Settingpräferenz enthalten. Die Wünsche der SupervisandInnen werden im Supervisionskontrakt festgehalten und als Ziel vereinbart, wenn sie nicht Alternativen vorziehen, die gegebenenfalls von der SupervisorIn zur Wahl gestellt werden, so z. B. statt einer Teamsupervision ein Leitungscoaching oder statt einer Fallbesprechung eine Teamsupervision.

Das Zustandekommen eines Supervisionskontrakts verläuft in der Regel in mehreren Schritten. Nach einer anfänglichen Anfrage per Schreiben wird durchweg bereits in einem dem Supervisionserstgespräch vorangehenden Telefonat die vorläufige Settingwahl vereinbart. Ziel des Supervisionserstgesprächs ist es, dass sich SupervisorIn und SupervisandInnen kennenlernen, erste gemeinsame Erfahrungen im Finden von brauchbaren und zufriedenstellenden Lösungen für die anstehenden Fragen machen und gegebenenfalls zu einer Entscheidung bezüglich des Supervisionskontrakts kommen. Im Supervisionserstgespräch geht es dabei nicht nur um die Passung von Fragen und Lösungen, sondern auch um die Passung von SupervisorIn und SupervisandInnen, d. h. darum, ob neben den zu vereinbarenden formalen Aspekten auch eine gemeinsame Wellenlänge gefunden werden kann. Zentrale Elemente des Supervisionserstgesprächs sowie gegebenenfalls weiterer Gespräche sind sorgfältige Auftragsklärung und aufmerksame Prozessgestaltung. Die Entscheidungsfindung, ob aus einem Erstgespräch die Vereinbarung zu weiteren Supervisionssitzungen resultiert, kann, muss aber nicht am Ende des ersten Gesprächs erfolgen. Sie kann auch nach einer für beide Seiten vereinbarten Bedenkzeit per Telefonat oder E-Mail stattfinden.

Im Folgenden stellen wir stellvertretend für den gesamten Supervisionsprozess die Auftragsklärung im Supervisionserstgespräch dar. Anhand ausgewählter zirkulärer Fragen werden das Erstgespräch strukturiert und der Supervisionsprozess gestaltet; hinsichtlich der Settingwahl haben wir uns für das Beispiel der Teamsupervision entschieden. Das Supervisionserstgespräch kann in gewisser Weise als *pars pro toto* angesehen werden. Gespräche in späteren Sitzungen können in etwa methodisch ähnlich gestaltet werden, da die Einzelaufträge für die jeweiligen Sitzungen sich nicht zwangsläufig aus dem Gesamtauftrag ergeben, sondern kontextsensibel ebenfalls zu vereinbaren sind.

Teamsupervision ihrerseits bildet den komplexeren Fall eines Supervisionsgeschehens, da die Interessen und Aufträge mehrerer Personen und der dahinterstehenden Organisationen zur Geltung kommen und aus der Teamsupervision Vorgehensweisen für eine weniger komplexe Settingwahl wie beispielsweise die Einzelsupervision abgeleitet werden können.

5.1 Das Supervisionserstgespräch in der Teamsupervision

Das systemische Supervisionserstgespräch hat besonders im Kontext einer Teamsupervision bereits den Charakter einer Intervention und ist nicht nur eine „Probesupervision“ oder ein Gespräch zum gegenseitigen Kennenlernen. Es kann durchaus möglich sein, dass keine weiteren Supervisionsgespräche aus ihm resultieren. Umso wichtiger, dass dieses Erstgespräch so professionell wie möglich geführt wird und sich durch eine sorgfältige Auftragsklärung sowie eine aufmerksame Prozessgestaltung auszeichnet (Ebbecke-Nohlen 1997). Der Perspektivenwechsel als Methode charakterisiert nicht nur systemische Supervision im Allgemeinen, sondern auch und ganz besonders das Supervisionserstgespräch. Gerade am Anfang ist es für die SupervisorIn und das Team wichtig, eine relativ große Bandbreite von Information zu generieren und verschiedene Systemebenen anzusprechen. Es geht dabei mehr darum, eine Übersicht zu gewinnen, als in die Tiefe zu gehen. Der Perspektivenwechsel zeigt sich im Supervisionserstgespräch vor allem darin, dass der Aufmerksamkeitsfokus mehrfach und anhaltend gewechselt wird und somit viele Aspekte des Supervisionsanliegens und der Teamstruktur ans Licht kommen. Die einzelnen Gesichtspunkte, die im Laufe eines Supervisionserstgesprächs angesprochen werden sollten, werden im Folgenden in ihrem Aufbau idealtypisch beschrieben. Die Abfolge impliziert einen beabsichtigten kontinuierlichen Fokuswechsel, der einen Überblick über möglichst viele individuelle, interaktionelle und institutionelle Zusammenhänge anstrebt.

Wie bereits angedeutet, hat ein systemisches Supervisionserstgespräch in der Regel den Charakter einer Intervention. Das Stellen von Fragen und das Bilden von Hypothesen erlauben es nicht nur der SupervisorIn, ihr Gegenüber, seine Erwartungen und Befürchtungen und seinen institutionellen Kontext näher kennenzulernen. Es ermöglicht es auch diesem Gegenüber, den SupervisandInnen, sich selbst und die eigenen Anliegen zu reflektieren, von mehreren Seiten zu betrachten und gegebenenfalls zu hinterfragen. So zählt zu den erwünschten Auswirkungen eines systemischen Supervisionserstgesprächs und erst recht weiterer Gespräche, dass nicht nur Selbsterkenntnis wächst, sondern auch Ressourcen neu entdeckt und Lösungen für anstehende Probleme gefunden werden können.

5.1.1 Empfehlungskontext

Zu Beginn eines Supervisionskontraktgesprächs ist es sowohl für die SupervisorIn als auch für die SupervisandInnen von besonderem Interesse, den Empfehlungskontext, der dem Erstgespräch vorgelagert war, zu ergründen und nachzuvollziehen. Folgende Fragen sind in diesem Zusammenhang hilfreich: „Wer hatte die Idee zur Supervision?" „Wer hat das Supervisionsgespräch veranlasst, wer den Termin vereinbart?" Angenommen, die Supervision käme auf Anregung eines Vorgesetzten zu Stande, dann wäre es wichtig zu erfahren, was aus seiner Sicht in der Supervision besprochen werden sollte, welchen Erfolg er sich von ihr verspricht und woran er ihn misst. Durch die Reflexion des Entstehungszusammenhangs der Supervision wird es möglich, institutionelle Interessenlagen zu erfassen und Zielvorstellungen nicht anwesender Vorgesetzter zu benennen. Es ist zudem gerade am Anfang, in einer „Kennenlernsituation", oft leichter, über die

Erwartungen Dritter zu sprechen als über die eigenen Vorstellungen. Da häufig auch Weiterempfehlungen früherer SupervisandInnen zu einem neuen Supervisionskontrakt führen, kann es von Interesse sein zu erfragen, was diejenigen, welche die Empfehlung ausgesprochen haben, dazu bewogen hat, die SupervisorIn weiterzuempfehlen.

5.1.2 Erwartungen und Befürchtungen der supervidierten Teams

Nach der Klärung des Überweisungskontextes kann sich die Aufmerksamkeit der SupervisorIn den Erwartungen und Befürchtungen der Anwesenden zuwenden. Wichtig bei diesem Schritt ist, dass die Vorstellungen der SupervisandInnen, die den Ablauf einer Supervision betreffen, in der Regel mit gemischten Gefühlen verbunden sind, die einer Gemengelage aus erwünschten und unerwünschten Aspekten entsprechen. Einerseits werden Erwartungen, Wünsche und Hoffnungen gehegt, andererseits bestehen Skepsis und Befürchtungen. Die unerwünschten Aspekte können ganz unterschiedlicher Art sein.

In Teamsupervisionen wird z. B. häufig die Befürchtung geäußert, dass zu viel Persönliches zur Sprache kommen könne, dass möglicherweise Verletzendes oder Kritisches ausgesprochen werde, was wiederum die Zusammenarbeit im Team noch erschweren könne. In Gruppensupervisionen wird z. B. oft befürchtet, dass zu viele Emotionen ins Spiel kommen könnten oder dass die Supervision zu sehr in Richtung Selbsterfahrung gehen könnte. Oft wird auch die Unsicherheit in Bezug auf die Schweigepflicht als kritischer Punkt genannt. An diesen Beispielen kann man leicht ersehen, dass von den Beteiligten oft schwerwiegende Bedenken in die Supervision mitgebracht werden und dass es daher leichtfertig wäre, sie nicht zu erfragen.

Durch Ansprechen und Nachfragen kann die Skepsis wertgeschätzt und unter Umständen ausgeräumt werden; falls dies nicht möglich ist, können stattdessen Spielregeln eingeführt werden, die es erlauben, mit den Bedenken umzugehen. Es ist sicher gut nachvollziehbar, dass es Sinn ergibt, bei der Auftragsklärung zunächst nach der Skepsis zu fragen und erst im Anschluss daran nach den positiven Erwartungen. Wenn SupervisandInnen sich in ihren Bedenken ernst genommen fühlen, fällt es ihnen leichter, konkrete Wünsche an die Supervision heranzutragen. Solange sie mit ihrer Skepsis beschäftigt sind, werden eher vage Erwartungen geäußert. Konkret können die Fragen in dieser Phase lauten: „Was sollen wir aus Ihrer Sicht heute besprechen?" „Welche Erwartungen bzw. welche Befürchtungen in Bezug auf Supervision bringen Sie mit in dieses Gespräch?" „Wer ist die oder der Skeptischste?" „In welche Richtung geht Ihre Skepsis?" „Was bräuchten Sie, um in dieser Supervision die Dinge ansprechen zu können, die Ihnen wichtig sind?" „Was müssten wir in dieser Supervision machen, damit Sie hinterher sagen: ‚Das hat mich einen Schritt weitergebracht?'"

5.1.3 Umgang mit früheren Supervisionserfahrungen

In der Regel gehen einer aktuellen Supervisionsanfrage schon andere Supervisionserfahrungen voraus. Auch diese früheren Erfahrungen sind oft mit gemischten Gefühlen verbunden. Es ist in diesem Zusammenhang davon auszugehen, dass SupervisandInnen positive Supervisionserfahrungen gern wiederholen und die Wiederholung negativer Erfahrungen ebenso gern ausschließen wollen, d. h., die Thematisierung früherer Supervisionserfahrungen, seien sie positiv oder negativ, stellt in jedem Fall eine Ressource für die aktuelle Auftragklärung dar. Als wiederholenswert und damit anschlussfähig werden oft u. a. vertrauensvolle Zusammenarbeit, ressourcenorientiertes und lösungsorientiertes Vorgehen sowie Humor genannt. Unterschiedswünsche hingegen werden oft beim Wechsel der Schulenrichtung, beim Wechsel der Berufsgruppe und beim Wechsel der Geschlechtszugehörigkeit der SupervisorIn zur Sprache gebracht. Falls über frühere „schlechte" Supervisionserfahrungen geklagt wird, hat es Sinn, nicht in die allgemeine Klage einzufallen, sondern eher darauf zu schauen, was die SupervisandInnen aus diesen unerwünschten Erfahrungen gelernt haben. Konkret können Fragen, die an frühere Erfahrungen anknüpfen wollen, folgendermaßen lauten: „Wo und wie wollen Sie an frühere positive Erfahrungen anknüpfen, bzw. wovon hätten Sie gern mehr?" „Und wo und wie möchten Sie gerne einen Unterschied machen, bzw. was hätten Sie gerne anders im Vergleich zu früher?"

5.1.4 Person der SupervisorIn und Methode

Teil der Auftragsklärung kann es auch sein zu ergründen, wie das Ergebnis der Auswahl der SupervisorIn zu Stande gekommen ist. Hier können folgende Fragen angebracht sein: „Wie sind Sie auf mich als SupervisorIn gekommen?“ „Welche Aussagen auf meiner Homepage haben Sie besonders angesprochen?“ „Welche Bedeutung hat es für Sie, dass Sie mich als Frau/Mann ausgewählt haben?“ „Wieso suchen Sie nach einer systemischen SupervisorIn?“ „Was versprechen Sie sich von einem systemischen Vorgehen?“ Manchmal laden Teams mehrere SupervisorInnen hintereinander ein, um zu vergleichen und zu prüfen, wer am besten passt. Es wäre schade, eine solche Informationsquelle nicht durch Fragen genutzt zu haben. Die durch die Praxis der vergleichenden Auswahl entstehende potenzielle Konkurrenzsituation unter SupervisorInnen kann durch weitere Fragen transparent gemacht und durch Humor aufgelöst werden. So kann in einer solchen Situation z. B. die Flop-Frage hilfreich sein: „Was müsste ich heute mit Ihnen machen, damit ich einen Flop lande und den Wettbewerb verliere?“ Oder etwa: „Haben Sie einen heißen Tipp für mich, was ich tun müsste, um dieses Casting zu gewinnen?“

5.1.5 Konkretisierung der Supervisionsziele

An dieser Stelle des Supervisionskontraktgesprächs sind schon einige Erwartungen und Wünsche ins Spiel gekommen. Es liegen auch schon Äußerungen darüber vor, was erwünscht und was nicht erwünscht ist. In der Regel sind diese Äußerungen jedoch noch nicht präzise genug, als dass daraus ein weiteres Vorgehen in der Supervision abgeleitet werden könnte. Wenn z. B. Erweiterung oder Vertiefung der sozialen Handlungskompetenz im Team oder generell die Verbesserung der Praxistätigkeit genannt wird, gibt es rein theoretisch sehr viele Möglichkeiten, diese Ziele mit Inhalt zu füllen. Welche Haltungen und Handlungen mit diesen Zielen im Einzelnen verbunden werden sollen, erschließt sich allerdings noch nicht. Zur Konkretisierung sind folgende Fragen nützlich: „Angenommen, Sie würden einen Zeitsprung nach vorn machen und gingen voller guter Ideen aus dieser Supervision hinaus, was würden Sie danach gern anders machen wollen?“ „Und was sollte sich auch nicht verändern?“ „Angenommen, wir hätten zusammen erfolgreich an diesen Zielen gearbeitet, und Sie hätten an Lösungsvorstellungen das erreicht, was Sie mitnehmen wollten, was würden Sie konkret wann und wem gegenüber anders machen?“ „Wie würden Sie sich dabei fühlen, und mit welchen Gedanken würden Sie dieses neue Erleben kommentieren?“ Supervisionsziele sollten vor allem auf der Handlungsebene konkretisierbar und realisierbar sein. Je besser sie in Verhalten umgesetzt werden können, umso einfacher ist es auch, sie zu überprüfen, und umso eher stellt sich, im Falle des gelungenen Umsetzens, auch ein Erfolgsgefühl ein. Die Ziele sollten allerdings, legen wir auf Nachhaltigkeit Wert, auch emotional verankert sein. Je stärker eine konkrete Handlung kognitiv und emotional stimmig ist, desto eher wächst die Bereitschaft, sie auch bei Bedarf zu wiederholen. Sind alle drei Ebenen der Affektlogik (Ciompi 1982) berücksichtigt, ist auch die Wahrscheinlichkeit hoch, eine gute „Lösung“ für die bearbeitete Frage gefunden zu haben.

5.1.6 Ressourcen supervidierter Teams

SupervisandInnen neigen dazu, in der Supervision von Problemen zu berichten, unabhängig davon, ob es sich um Team- oder Fallfragen handelt. Dies liegt vermutlich an der Logik der Beratungssituation. Wenn SupervisandInnen den Eindruck hätten, herausfordernde Situation gut zu meistern, würden sie sie vermutlich nicht in der Supervision vorstellen. Oft ist allerdings die Problemsicht selbst das Problem, und es ist ein erheblicher Unterschied, ob wir auf das halbleere oder das halbvolle Glas schauen. Je stärker die Defizite in einer Situation in den Fokus rücken, umso größer ist die Gefahr, an ihnen festzuhalten, und umso geringer das Zutrauen, sie beseitigen zu können. An dieser Stelle ist es als Teil der Auftragsklärung bereits angesagt, den Blick auf die Stärken der SupervisandInnen zu lenken, z. B. mit fol-

Abb. 2: Das halbvolle/halbleere Glas

genden Fragen: „Wo liegen die spezifischen Ressourcen Ihres Teams bzw. Ihrer Person?" „Welches sind Ihre besonderen Stärken?" „Was läuft bereits gut?" „Und was würden Sie auch gern unverändert lassen?" „Worauf können Sie gut aufbauen?"

5.1.7 Spielregeln supervidierter Teams

Sowohl in der Teamsupervision als auch in der Fallsupervision ist es bereits bei der Auftragsklärung unverzichtbar, interaktionelle Aspekte am Arbeitsplatz in den Mittelpunkt zu rücken. Diese kommen besonders in den jeweils gültigen Spielregeln institutioneller Kontexte gut zum Ausdruck. Solche Spielregeln sind üblicherweise nirgendwo schriftlich fixiert und lassen sich dennoch im Gespräch relativ leicht herausfinden. Sie haben mal deskriptiven, mal präskriptiven und mal proskriptiven Charakter, manchmal sind sie offiziell, manchmal heimlich und manchmal unheimlich (Ebbecke-Nohlen 2000). Manche Teams kennzeichnen sich z. B. durch relativ enge Verhaltensvorschriften aus, andere dadurch, dass völlig klar ist, was nicht geschehen darf, und wieder andere dadurch, dass fast alles erlaubt ist, was nicht in die Kategorie des *no go* fällt. Um erste Eindrücke von solchen Spielregeln zu erhalten, kann die SupervisorIn folgende Fragen stellen: „Wie würden Sie Ihr Team beschreiben?" „Welche Metapher würde gut zu Ihnen passen?" „Welche Spielregeln gelten in Ihrem beruflichen Alltag, welche in Ihren Teamsitzungen und welche Ihren KlientInnen gegenüber?" „Was dürften Sie in Ihrem Team auf keinen Fall tun?" „Oder was müssten Sie machen, um es sich mit Ihrem Team zu verderben?"

5.1.8 Struktur und Funktion supervidierter Teams

Bei größeren Teams ist es hilfreich, die Anwesenden in ihren unterschiedlichen Funktionen und unter Gesichtspunkten ihrer Teamstruktur unterscheiden zu können. Dies ist auch besonders für Teams interessant, die sich unter dem Motto bewegen: „Wir sind alle gleich." Fragen nach der Anciennität, d. h. danach, wer wie lange schon zum Team gehört, sind oft sehr aufschlussreich. Auch die Berufsgruppenzugehörigkeit, die vertragliche Stundenzahl (Halbtags- oder Ganztagstätigkeit, Honorartätigkeit etc.) und die finanzielle Einstufung machen Unterschiede. In manchen Teams sind die durch diesen Fokuswechsel entstehenden Ranglisten sehr unterschiedlich. So kann manchmal der Leiter das jüngste Teammitglied oder derjenige, der die meisten Stunden arbeitet, der Schlechtestbezahlte sein. Solche Strukturfragen haben oft auf Entscheidungssituationen Auswirkungen. Passende Fragen können folgendermaßen lauten: „Wie ist Ihr Team nach Anciennität, nach Berufsgruppen und nach vertraglicher Stundenzahl zusammengesetzt?" „Wie sehen Ihre Arbeitsplatzbeschreibungen aus?" „Wer entscheidet was?" „Welche Entscheidungsrituale gibt es?" „Wer ist wem gegenüber wie verantwortlich?" Diese Fragen können auch bereits vor einem Supervisionskontraktgespräch schriftlich gestellt werden, so dass diese Informationen der SupervisorIn bereits zu Gesprächsbeginn vorliegen.

5.1.9 Rahmenbedingungen systemischer Supervision

In manchen Teamsupervisionen sind nicht alle Teammitglieder anwesend. Vor allem in institutionellen Kontexten mit Schichtarbeit (z. B. in Krankenhäusern) kommen Teammitglieder, die während des Supervisionstermins „im Frei" sind, nicht selbstverständlich zur Supervision. Diese Rahmenbedingung hat u. a. Auswirkungen auf die Teilnehmerschaft, Kontinuität und Nachhaltigkeit des Supervisionsprozesses. Folgende Fragen sind dann wichtig: „Wer gehört noch zum Team, ist aber heute abwesend?" „Wie können Sie es organisieren, dass auch die heute Abwesenden an der Supervision teilnehmen können?" „Angenommen, die Abwesenden hätten auch etwas zu sagen, was würden Sie dem bereits Besprochenen noch hinzufügen?" „Was könnten die Anwesenden tun, um den Transfer der heutigen Ergebnisse zum übrigen Team zu ermöglichen?"

Weitere Fragen, das Gesamtsystem betreffend, können sein: „Wer hat außerhalb Ihres Teams noch Interesse daran, dass Sie Supervision machen?" „Wer könnte dagegen sein?" „Was würden sich Ihre KlientInnen/KundInnen wünschen, dass es hier in der Supervision besprochen werden sollte?"

Am Ende einer Auftragsklärung ist es selbstverständlich noch sinnvoll, weitere Rahmenbedingungen für die Supervision zu besprechen. Auch wenn die Entscheidung, ob ein weiterführender Supervisionskontrakt erfolgen wird, noch nicht getroffen ist, sollte thematisiert werden, wie viele Sitzungen von welcher Länge in welchem Abstand mit wem in welchem Setting an welchem Ort von SupervisandInnenseite gewünscht werden. Hier kann auch die SupervisorIn über ihre möglicherweise kontrastierenden inhaltlichen oder zeitlichen Bedingungen und Vorstellungen informieren. Es sollte an dieser Stelle auch besprochen werden, ob im Falle einer Fortsetzung der Supervisionsgespräche ein vorgefertigter Kontrakt unterzeichnet wird oder z. B. eine Bestätigung der Abmachungen per E-Mail erfolgt. Außerdem kann folgende Frage noch von Nutzen sein: „Was wäre für eine Auftragsklärung noch wichtig, was bislang noch nicht erwähnt bzw. gefragt wurde?“ Und nicht zuletzt: „Wer bezahlt die Supervision, und an wen geht die Rechnung?“ Die Entscheidung, ob ein Supervisionskontrakt zu Stande kommt, kann, muss aber nicht am Ende des Gesprächs erfolgen. Sie kann auch nach einer für beide Seiten vereinbarten Bedenkzeit per Telefonat oder E-Mail erfolgen.

5.2 Evaluierung systemischer Supervision

Von der Evaluierung systemischer Praxis wissen wir bereits, dass sie im systemischen Denken und Handeln durch kontinuierliche Feedbackschleifen selbstreflexiv mit angelegt ist. Sie erfolgt nicht nur am Ende des gesamten Supervisionsprozesses, sondern fortlaufend bereits während der Gespräche gemeinsam mit den SupervisandInnen, nach jedem Gespräch in Selbstreflexion durch die SupervisorIn und aus gegebenem Anlass mit einer weiteren SupervisorIn aus einer zusätzlichen Außenperspektive.

Folgende Evaluierungsfragen, welche die SupervisorIn sich selbst und gegebenenfalls auch der SupervisandIn stellt, erleichtern die Einschätzung eines Supervisionsprozesses: „Wie lautete der Gesamtauftrag, und wie hängen die Aufträge der einzelnen Sitzungen mit dem Gesamtauftrag zusammen?“ „Nach welchem Muster verhalten sich SupervisandInnen und SupervisorInnen in der Supervision?“ „Welche Fühl-, Denk- und Verhaltensmuster können im Supervisionssystem beobachtet werden?“ „Inwiefern können isomorphe, d. h. strukturähnliche Muster bei Supervisionssystem und Beratungssystem beschrieben werden?“ „Wie passen Inhalte und Muster zusammen?“ „Welche Rolle spielt die SupervisorIn?“ „Welche Supervisionsmethoden kamen mit welchen Auswirkungen zum Einsatz?“ „Wie lautet die Zwischenbilanz?“ „Was war bislang hilfreich, was nicht, was fehlt noch?“ „Wie lässt sich der Verlauf beschreiben?“ „Welche Metapher passt?“ „Was wäre für die SupervisandInnen ein Schritt in Richtung Rückfall in alte Muster?“ „Was wäre der nächste Schritt in Richtung Vision?“ „Wie soll die Schlussbilanz aussehen?“ „Was müssten die SupervisorIn und die SupervisandInnen tun bzw. lassen, um das erwünschte Ergebnis zu verfehlen bzw. zu erreichen?“ Durch die Art der Fragen wird deutlich, dass es sich um eine prozessorientierte Evaluierung handelt, bei der die Wahrnehmungen des Supervisionsgeschehens im Vordergrund stehen. Diese Wahrnehmungen reflektieren allerdings auch, ob viable und zufriedenstellende Lösungen erreicht wurden.

6. Methoden systemischer Supervision allgemein

Damit in der systemischen Supervision Auftragsklärung und Prozessgestaltung im Sinne der theoretischen und metatheoretischen Konzepte aus den ersten Kapiteln dieser Einführung umgesetzt werden können, sind für die systemische Praxis eine Reihe von Methoden entwickelt worden, von denen hier eine Auswahl vorgestellt wird. Die Auswahl begründet sich aus der Häufigkeit, mit der diese Methoden in der systemischen Supervision und speziell in der Supervisionspraxis der Autorin Anwendung finden. Hypothesenbilden, zirkuläres Fragen, Allparteilichkeit als methodenrelevante Haltung und Handlungsmaxime, Arbeit mit Metaphern und mit Skulpturen sind die Methoden, die im Folgenden vertieft und jeweils mit einem Fallbeispiel unterlegt werden. Die Fallbeispiele kommen aus verschiedenen Supervisionssettings – Teamsupervision, Einzelsupervision und Gruppensupervision – und greifen unterschiedliche Supervisionsthemen auf: Fallsupervision, Supervision bei Teamfragen und Supervision bei persönlichen Anliegen. Auf die Darstellung weiterer für die systemische Supervision ebenfalls einflussreicher Methoden wie der Klassiker „Rollenspiele", „Genogramme" und „Organigramme" u. a. oder neuerer Methoden wie „Supervisionswalzer", „Coachingrumba" u. a. wird hier aus Raumgründen verzichtet (Ebbecke-Nohlen 1999).

Insgesamt entsteht somit ein Bild der Methodenvielfalt in der systemischen Supervision, das allerdings von einigen Gemeinsamkeiten geprägt ist: Alle Methoden sind vom Perspektivenwechsel inspiriert, leben von der Bewegung, vom Einnehmen unterschiedlicher Positionen, vom Hervorbringen und Austausch unterschiedlicher Gesichtspunkte, sei es in Form des Wechsels von Innen- und Außenperspektive oder des Erkennens und der Wertschätzung von Ambivalenzen. Dem Wechsel der Perspektiven dienen auch die Verfahren des Abwägens und des Durchspielens von Auswirkungen im Einerseits und Andrerseits. Auch das methodische Herausarbeiten von Entweder-oder-Mustern sowie ihre Auflösung durch die Suche nach Sowohl-als-auch-Bereichen beinhaltet einen Perspektivenwechsel – ebenso wie die Betonung von Wechselwirkungszusammenhängen statt der Ausnahme eines linearen Verknüpftseins von Ursachen und Wirkungen. Schließlich manifestiert sich der Perspektivenwechsel noch in der Analyse und Einschätzung von Phänomenen, etwa in der Weise, dass Unterscheidungen getroffen werden, welche die zunächst nichtbeobachtete Seite einschließen, was beispielhaft im Bild des halbleeren und des halbvollen Glases zum Ausdruck gebracht wird.

Eine weitere methodische Gemeinsamkeit systemischer Praxis liegt in dem perspektivischen Wechselspiel von Komplexitätserweiterung und Komplexitätsreduktion. Komplexitätserweiternde Methoden haben den Vorteil, zunächst den Horizont zu vergrößern und zum besseren Verständnis des Kontexts zu führen, in dem ein Problem besteht. Sie sind auch dafür nützlich, dass da, wo metaphorisch gesprochen vorher nur eine Sackgasse zu sehen war, auf einmal ein ganzes Straßennetz erkennbar wird. Manchmal kann jedoch zu viel Erweiterung der Komplexität auch von Nachteil sein, z. B. wenn der Eindruck einer derart umfassenden Lösung entsteht, dass sie zugleich unerreichbar erscheint. Nach methodischen Schritten der Erweiterung der Komplexität ist es daher im Anschluss in der Regel methodisch erforderlich, Komplexität auch wieder zu reduzieren. So haben alle systemischen Methoden auch gemeinsam, dass sie auf Viabilität, d. h. auf konkrete Umsetzbarkeit, der gewonnenen Ideen Wert legen und kognitive und emotionale Vorstellungen für die nächsten passenden Schritte hervorbringen wollen.

Strukturell gesehen, beinhalten alle Methoden systemischer Supervision zumindest folgende drei Schritte: das Stellen der Supervisionsfrage als Ausgangspunkt der Supervision, die Formulierung eines Auftrags als Präzisierung des Aufmerksamkeitsfokus und das Bündeln oder Zusammenfassen der Lösungen am Ende der Supervision. Für einen gelingenden Supervisionsprozess ist es hilfreich, wenn die Supervisionsfrage folgende Kriterien erfüllt: Sie sollte die SupervisandIn als handelnde Person enthalten, und sie sollte positiv sowie zukunftsorientiert formuliert werden.

7. Hypothesenbilden in der systemischen Supervision

Die Bildung von Hypothesen nimmt, wie weiter oben bereits erwähnt, eine wichtige Rolle im systemischen Supervisionsprozess ein. Statt im Supervisionsgeschehen »richtiges« und »falsches« Vorgehen der SupervisandInnen zu thematisieren oder fertige Lösungen zu produzieren, begeben sich SupervisorIn und SupervisandInnen beim Hypothesenbilden in Möglichkeitsräume und formulieren, ausgehend vom Supervisionsanliegen und der Supervisionsfrage, verschiedene Hypothesen. Sie greifen dabei bewusst auf ihre eigenen Erfahrungen zurück und bedienen sich des reichhaltigen Schatzes ihrer inneren Bilder. Diese Bilder können sich auf affektive oder kognitive Aspekte beziehen, oder sie können Handlungszusammenhänge aktualisieren. In jedem Falle dienen sie der Informationsgewinnung der am Supervisionsprozess Beteiligten. Es versteht sich von selbst, dass Zahl und Vielfalt der Assoziationen umso größer sind, je mehr Personen sich an ihrer Produktion beteiligen. Das Hypothesenbilden ist daher besonders fruchtbar in Gruppen- oder Teamsupervisionen und kann das Stellen von Verständnisfragen ersetzen. Das in Supervisionsprozessen oft zu beobachtende Nachfragen nach scheinbar wichtigen und unverzichtbaren Sachzusammenhängen führt häufig zu einer linearen und angespannten Frage-Antwort-Konstellation, die zudem paradoxerweise eher den Wunsch nach noch mehr Sachinformation weckt, statt ihn zu stillen. Die Einladung zur Hypothesenbildung von Seiten der SupervisorIn hat umgekehrt zur Folge, dass eine Gruppe bzw. die Teammitglieder sich auf der Basis dessen, was sie schon verstanden haben, ihrem inneren Film zuwenden und ihre daraus entnommenen Ideen zur Verfügung stellen.

Statt also bei einer Teamsupervision z. B. die Sachfrage zu stellen: „Sind denn tatsächlich alle Teammitglieder dafür, ihre Arbeitsabläufe zu verändern?“, könnte z. B. folgende Hypothese formuliert werden: „Vermutlich sind nicht alle Teammitglieder in gleichem Maße für eine Veränderung.“ Daraus könnte sich eine weitere Hypothese entwickeln: „Vielleicht sind die neu hinzugekommenen

Teammitglieder eher für eine Veränderung und diejenigen, die schon länger in der Institution arbeiten, eher dafür, bisher Bewährtes beizubehalten." Daran könnte sich wiederum folgende handlungsorientierte Hypothese anschließen: „Angenommen, es sind nicht alle Teammitglieder in gleichem Maße für die Veränderung, dann könnte es interessant sein, die Unterschiede und Gemeinsamkeiten im Team dadurch herauszufinden, dass wir jedes einzelne Teammitglied befragen, was es verändern will und was auch gleichbleiben soll."

In einem solchen Assoziationsprozess passt sicherlich nicht jede Hypothese in gleicher Weise zum Fallverständnis einer SupervisandIn. Daher ist es wichtig, in einem nächsten Schritt der SupervisandIn wieder die Möglichkeit zu geben, zu sortieren und die Dinge aus dem Gesagten herauszugreifen, die ihr besonders wichtig sind, sei es, dass diese sie in ihrer Sicht bestätigen, oder aber neue Gedanken ins Spiel gebracht haben, die ihr bei der Beantwortung ihrer Frage weiterhelfen. In der Regel kann es die SupervisorIn der Selbstorganisation einer Gruppe überlassen, wie lange Hypothesenrunden dauern. Wenn jedoch zu viele Redundanzen auftreten oder der kreative Prozess kein Ende finden will, kann die SupervisorIn eingreifen und zum nächsten Schritt übergehen.

Damit die Nützlichkeit von Hypothesenrunden gewährleistet ist, ist es wichtig, dass die geäußerten Hypothesen bestimmten Kriterien genügen. Diese Kriterien sind für den systemischen Beratungsprozess in Zusammenhang mit der Methode des Reflecting Teams entwickelt worden (Andersen 1990). Hypothesen sollten demnach selbstreflexiv und nicht belehrend formuliert werden, sie sollten konjunktivisch ausgedrückt werden, im Sinne von „Es könnte sein ..." oder „Eine Möglichkeit wäre ..." und nicht im Sinne von „Es ist doch klar, dass ...". Hypothesen sollten unterschiedlich und vielfältig sein und nicht auf eine einzige richtige Annahme abzielen. Sie sollten sowohl Aspekte beinhalten, die an das Fallverständnis anschließen, als auch solche, die davon unterschiedlich sind. Vor allem sollten Hypothesen wertschätzend artikuliert werden. Vor einem wohlwollenden Hintergrund können Hypothesen auch in einer klaren und deutlichen Sprache abgefasst sein und gegebenenfalls sogar provozierenden Charakter haben (von Schlippe u. Schweitzer 1996).

Hypothesen dienen der Informationsgewinnung auf mehreren

Ebenen. Die Zeitebene kommt z. B. dann ins Spiel, wenn die Hypothesenbildung Zusammenhänge der Entstehung, der Aufrechterhaltung oder der Weiterentwicklung eines Problems betriff. Hier sind Hypothesen sinnvoll, die sich jeweils auf Vergangenheit, Gegenwart oder Zukunft beziehen oder mehrere Zeitebenen miteinander verknüpfen. Das Hauptinteresse im systemischen Supervisionsprozess liegt dabei auf der Gegenwart und der Zukunft, da nur für diese beiden Zeitebenen Lösungen gefunden und umgesetzt werden können.

Eine andere Ebene, nämlich die des Systemfokus, spielt dann eine Rolle, wenn zwischen Hypothesen zum Problemsystem und Hypothesen zum Lösungssystem unterschieden wird. In einer Fallsupervision aus dem Suchtkontext können Hypothesen zum Problemsystem u. a. dazu beitragen, bei einer SupervisandIn Verständnis für das Verhalten ihrer KlientIn zu entwickeln, indem z. B. anhand eines Genogramms die Familienverhältnisse der KlientIn thematisiert werden. Hypothesen zum Lösungssystem können ebenfalls zum besseren Fallverständnis beitragen, indem sie z. B. bei wiederholten Rückfällen dieser KlientIn Ideen zu den guten Gründen zum Ausdruck bringen, die sie dazu bewegen, sich immer wieder diese Rückfälle zu nehmen. Diese „guten Gründe“ sind insofern Teil des Lösungssystems, als sie Anhaltspunkte für den Lösungscharakter der Rückfälle geben. Werden die „positiven Absichten“ eines Symptoms erst einmal deutlich, kann die SupervisandIn Ideen entwickeln, wie sie damit weiterarbeiten kann (Goolishian a. Anderson 1987).

Auch auf der Ebene der Prozessgestaltung ist Hypothesenbildung von Nutzen. So kann die SupervisorIn die Hypothesenrunden zur Strukturierung des Supervisionsprozesses nutzen. Sie kann sie zur Aufrechterhaltung von Neugier und Spannung einsetzen und damit potenzieller Langeweile entgegenwirken. Sie kann mit ihrer Hilfe den Blick auf Ressourcen lenken und Defizitfixierungen umgehen. Und sie kann im Supervisionsprozess durch die zu erwartende Unterschiedlichkeit der gebildeten Hypothesen Vielfalt generieren und Einfalt vermeiden.

Supervisionsbeispiel: Hypothesenbilden in einer Fallsupervision im Teamsetting

Im Folgenden wird anhand einer Fallsupervision im Teamsetting in groben Zügen aufgezeigt, wie mit Hilfe der Methode des Hypothesenbildens eine Supervisionsfrage so bearbeitet werden kann, dass die Supervisandin in relativ kurzer Zeit und ohne viel inhaltliche Information zu einer für sie befriedigenden Lösung kommen kann.

Ein Team von fünf SozialarbeiterInnen, das im Rahmen eines gemeinnützigen Vereins in freier Trägerschaft im Kontext Familienhilfe tätig ist, hat mit der Supervisorin eine Kombination aus Fall- und Teamsupervision vereinbart. Je nach Gesamtsituation geht es um Teamfragen oder Fallfragen. Das Team bereitet sich auf die alle sechs Wochen stattfindenden Supervisionssitzungen vor und vereinbart untereinander schon vor der Sitzung, welches Thema Gegenstand der Supervision sein soll bzw. welches Teammitglied einen Fall einbringt.

Bevor die Teamkollegin, die sich für eine Fallsupervision angemeldet hat, anfängt, von ihrem Fall zu erzählen, wird sie von der Supervisorin gefragt, was sie in dieser Supervision für sich herausfinden will oder, anders ausgedrückt, welches ihre Supervisionsfrage ist. Die Supervisandin, die bezüglich ihres Alters und ihrer Tätigkeit im Verein das jüngste Teammitglied ist, formuliert nach einigem Nachdenken folgende Frage: „Welche Rolle habe ich eigentlich in diesem Fall?"

Danach berichtet sie kurz (ca. drei Minuten) über den Fall und ihre Tätigkeit. Die Familie, die sie betreut, ist eine Mehrgenerationenfamilie: Herr M. (45), Frau R. (43), ihrer beider Tochter Frau K. (20) mit deren beiden Söhnen (3 + 1) und ihrem gegenwärtigen Lebensgefährten Herrn L. (19), der gleichzeitig Vater des jüngsten Sohnes ist. Die sechsköpfige Familie, die beim Jugendamt bereits seit Längerem bekannt ist, lebt gemeinsam unter einem Dach in einer 60 Quadratmeter großen Wohnung. Die Eltern wollen, dass ihre Tochter mit Lebensgefährten und Söhnen auszieht. Dieser Auszug ist allerdings dadurch erschwert, dass Frau K. und Herr L. Hartz-IV-Empfänger sind.

Die Supervisandin ist als Familienhelferin für die Begleitung der jungen Mutter eingesetzt. Sie hat sich im Auftrag des Jugendamts bislang ergebnislos darum bemüht, eine Wohnung für die junge Familie zu finden, und ist deshalb ähnlich wie ihre Klientin Frau K. resigniert. Die junge Mutter fürchtet, bei einem Auszug die Unterstützung ihrer Eltern bei der Kinderbetreuung zu verlieren, das Jugendamt sieht im Falle des Auszugs gar das Kindeswohl gefährdet. Obwohl die Familienhelferin die junge Mutter als engagiert erlebt, will sie sich nicht dafür verbürgen, dass diese es im Falle eines Auszugs schafft, sich ausreichend um die Kinder zu kümmern. Bislang versucht die Familienhelferin, Frau K. dadurch zu unterstützen, dass sie ihr vermittelt, dass sie ihre Aufgabe gut meistert. Ihre Bedenken hält sie eher zurück. Sie schildert, dass sie die Familie zwar mag, aber Angst hat, mit ihr zu scheitern. Insgesamt fühle sie sich hin und her gerissen, wenn sie an die Familie denke. Nach der kurzen Fallschilderung wird die Supervisandin von der Supervisorin eingeladen, sich zurückzulehnen, das Team arbeiten zu lassen und sich in aller Ruhe die verschiedenen Hypothesen anzuhören. Sie könne dann für sich die Ideen aufgreifen, die sie für wichtig halte.

Das Team, aus dem einige Mitglieder die Familie aus früheren Zeiten kennen, äußert in der Hypothesenrunde folgende Beobachtungen und Ideen: Die Familie sei „schwierig“ und sowohl Frau R. als auch ihre Tochter Frau K. seien wenig absprachefähig. Auf die Einladung der Supervisorin, die Hypothesen „ressourcenorientiert“ zu formulieren, kommen folgende Beschreibungen hinzu: „Vielleicht können sich beide Frauen auch gegenüber dem Jugendamt und der Familienhilfe und damit gegenüber Einmischungen von außen ganz gut abgrenzen.“ Vor allem Frau R. sei sehr stark und könne viel Druck machen.

Zur Arbeit der Kollegin werden Hypothesen dahin gehend geäußert, dass sie emotional sehr engagiert sei und möglicherweise so involviert, dass sie sich mit der jungen Mutter identifiziere und deren Problem zu ihrem eigenen mache. Sie könne vielleicht Frau K. durch ihre Unterstützung positiv konnotieren, scheine daneben jedoch für Kritik an ihr keinen Platz zu finden. Die Hypothesen des Teams zur Auftragslage signalisieren, dass der Auftrag des Jugendamts, was Auszug und Kindeswohl betrifft, als unklar und widersprüchlich erlebt wird. Die Kollegin müsse möglicherweise etwas unterstützen (z. B. den Auszug aus der elterlichen Wohnung), an dessen positiven Effekt sie selbst nicht glaube.

Die Supervisorin ergänzt die Hypothesen des Teams durch den Hinweis, dass es sich bei der beobachteten Ambivalenz im System möglicherweise um ein isomorphes Muster handeln könne, d. h. um eine Strukturähnlichkeit auf gleich mehreren Systemebenen. Die verschiedenen Akteure, d. h. Familienhelferin, Jugendamt und junge Mutter und vielleicht auch ihre Eltern, verfolgen zwar auf der einen Seite eine scheinbar eindeutige Linie, seien allerdings auf der anderen Seite von ihrer positiven Wirkung gar nicht überzeugt. Die erlebte Unklarheit und das Empfinden eines inneren Hin und Her bei der Supervisandin seien folglich kein persönliches Manko, sondern lägen eher in der Struktur der Fallkonstellation. Die Lösung könne daher unter Umständen darin bestehen, diese Ambivalenz, d. h. die mit den einzelnen Vorhaben oder Zielen verbundenen Vor- und Nachteile, auf den verschiedenen Ebenen als Ressourcen zu nutzen.

Die Supervisorin äußert des Weiteren die Hypothese, dass sich im vorliegenden Fall positive Konnotation und kritische Auseinandersetzung zueinander in einem Entweder-oder-Muster befinden und sich auszuschließen scheinen, wobei rein theoretisch ein Sowohl-als-auch von Wertschätzung und Kritik gut nebeneinander vorstellbar sei. Anfängliche Wertschätzung dessen, was ist, könne sogar als eine wichtige Voraussetzung dafür angesehen werden, dass zu einem späteren Zeitpunkt auch die Dinge angesprochen werden können, die Veränderungsbedarf haben.

Die Supervisandin fasst in der Folge das zusammen, was ihr in der Hypothesenrunde der Gruppe am wichtigsten war. Sie betont, dass sie sich durch das Fokussieren auf das Beziehungsmuster entlastet fühle, und ergänzt die Fallgeschichte. Gleichzeitig gibt sie jedoch zu verstehen, dass sie noch keine Idee dazu habe, wie sie die Ambivalenzen konkret nutzen könne. Sie wünscht sich daher eine weitere Hypothesenrunde mit Ideen zur Nutzung der verschiedenen Ambivalenzen als Ressource. Die Supervisorin greift diesen Wunsch auf und lädt zu einer erneuten Hypothesenrunde ein mit dem Schwerpunkt auf handlungsorientierten Optionen.

Das Team formuliert daraufhin eine Reihe von Ideen zur Konkretisierung dieser Möglichkeiten. Eine Idee geht dahin, eine erneute Auftragsklärung mit dem Jugendamt herbeizuführen. In diesem Zusammenhang könne das Jugendamt gefragt werden, an welchen konkreten Veränderungen der jungen Mutter bzw. der Familie es erkenne, dass die Arbeit der Familienhelferin erfolgreich sei. Oder das Jugendamt könne gefragt werden, wie die Familienhelferin am besten mit den Fragen Auszug/Kindeswohl umgehen und welche Rolle sie dabei einnehmen solle. Um die bisherige Arbeit auch zu würdigen und sie nicht nur als „gescheitert“ darzustellen, könne die Supervisandin für sich eine Zwischenbilanz ziehen, in der sie das inzwischen Erreichte aufliste und im Anschluss daran das noch Ausstehende formuliere. Auch mit der jungen Mutter könne eine neue Auftragsklärung erfolgen, die ebenfalls eine Zwischenbilanz als Ausgangspunkt nehme. Dabei könnten die Fragen angesprochen werden, welches von den Angeboten der Familienhelferin bisher für sie am hilfreichsten gewesen sei, welches am wenigsten hilfreich und was Frau K. seit Beginn der Familienhilfe schon selbst habe erkennen und umsetzen können.

Eine TeamkollegIn fügt hinzu, dass es bei der Auftragsklärung mit Jugendamt und junger Mutter möglicherweise wichtig sei anzusprechen, dass in der Regel nicht alle Erwartungen umgesetzt werden könnten, d. h., dass oft Rückverhandlungen mit den Auftraggebern nötig seien mit dem Ziel, zu verdeutlichen, was in der Funktion einer FamilienhelferIn geleistet werden könne und was nicht. So würden dic Gefahr des Scheiterns und der damit verbundene Druck geringer. Sympathie und Empathie für Klienten könnten ebenfalls als Ressourcen genutzt werden. Der ständige Wechsel von Innenperspektive und Außenperspektive sei dabei besonders wichtig. Das Verharren in der Innenperspektive könne schnell zur Identifikation mit den KlientInnen führen.

Abschließend fasst die Supervisandin die für sie wichtigsten Ideen zusammen und formuliert ihr persönliches Lösungspaket. Besonders bemerkenswert finde sie, dass sich ihr Druck und die damit verbundene Angst gelegt hätten. Sie habe es als sehr angenehm empfunden, dass die anderen Ideen für sie entwickelt hätten. Dadurch, dass sie ihre Ambivalenz deutlich erkennen und als Teil des Gesamtmusters wertschätzen könne, habe sie eine Haltung von mehr Gelassenheit entwickelt. Ihren KollegInnen danke sie für die guten Ideen. Für die Handlungsebene nehme sie mit, zunächst ein Gespräch mit der Sachbearbeiterin des Jugendamts zu führen und den Auftrag zu konkretisieren. Danach möchte sie ein Gespräch mit der jungen Frau und ihrem Partner und im Anschluss mit der ganzen Familie führen, in dem eine Zwischenbilanz erarbeitet und Erwartungen und Befürchtungen, was die Zukunft betrifft, ausgetauscht werden könnten. Auch hier wolle sie eine Auftragsklärung durchführen und erfragen, in welchen Punkten ihre Klientin und deren Familie ihre Unterstützung wollten und in welchen nicht. Danach könne sie gut entscheiden, welche Rolle sie selbst dann in diesem Fall übernehmen wolle.

An diesem Beispiel wird deutlich, wie entlastend es für eine SupervisandIn in der Supervision sein kann, sich nach dem Stellen ihrer Supervisionsfrage zurückzulehnen und ihr Team und die SupervisorIn für sich arbeiten zu lassen. Solange sie selbst äußern kann, welchen Auftrag sie an die Supervision hat, und solange sie selbst die Hoheit darüber behält, welche der Ideen sie aufgreifen und umsetzen will, so lange kann sie es vermutlich sehr genießen, nicht noch mehr Druck in der Supervision zu bekommen, als sie ohnehin schon verspürt.

8. Zirkuläres Fragen in der systemischen Supervision

Das zirkuläre Fragen spielt als Methode im systemischen Supervisionsgeschehen ebenfalls eine wichtige Rolle und ist Ausdruck einer für die systemische Supervision typischen Haltung der Neugier. Ausgehend vom Zustand des Nichtwissens, bringt es einen Suchprozess in Gang und strebt ein Verstehenwollen an. Zirkuläres Fragen kontrastiert damit zu einem Vorgehen, das sich primär auf Anweisungen und Ratschläge stützt.

Unter zirkulärem, d. h. systemischem Fragen verstehen wir folglich, die in der Supervision Anwesenden hypothesengeleitet zu ihren Beziehungen zu befragen und sich durch ihre Antworten zu neuen Hypothesen und neuen Fragen einladen zu lassen. Der Begriff des zirkulären Fragens wird hier umfassend für systemische Interviewtechniken überhaupt verwendet (Simon u. Rech-Simon 1999). Bedenken, die gelegentlich gegen den Interventionscharakter zirkulärer Fragen geäußert werden, lassen sich leicht zerstreuen, denn Fragen stellen heißt in jedem Fall auch intervenieren.

Zirkuläres Fragen ist praktisch die Ergänzung zur systemischen Hypothesenbildung. Neue Hypothesen erzeugen neue Fragen, neue Fragen vermitteln neue Informationen, neue Informationen bewirken Bedeutungswandel, und Bedeutungswandel ruft Wahlmöglichkeiten im Handeln hervor. Systemisches Fragen ist vor allem im Einzelsetting eine unverzichtbare Methode, die wunderbar geeignet ist, die Selbstreflexion der SupervisandIn anzustacheln, und die ihr dabei hilft, die Beziehungsmuster, in denen sie sich befindet, deutlich zu machen. Mit Hilfe von systemisch-zirkulären Fragen werden Unterschiedskonstruktionen verschiedenster Art ermöglicht. So kann z. B. in einer Teamsupervision in relativ kurzer Zeit ein breites Meinungsbild erzeugt werden. Die Unterschiede und die Gemeinsamkeiten, die in den jeweiligen Antworten zum Vorschein kommen, können wertgeschätzt, untereinander abgeglichen und als Ressourcen weiterbearbeitet werden. Tabelle 8 gibt einige Beispiele.

Konstruktion von Unterschieden zwischen ...	**Fragebeispiele**
... Personen:	Wer in Ihrem Team ist mehr an Fallsupervision und wer mehr an Teamsupervision interessiert?
... Beziehungen:	Wer unter Ihnen arbeitet in diesem Projekt am meisten zusammen, und wer hat weniger miteinander zu tun?
... Ideen:	Wofür könnten der Teamkonflikt und die damit einhergehenden Meinungsverschiedenheiten ein Lösungsversuch sein?
... Verhalten/Handlungen:	Angenommen, Sie wollten diese Krise verschlimmern, was könnten Sie tun?
... Gegenwart und Vergangenheit (auf der Zeitebene):	Was machen Sie heute anders in Ihrem Team im Vergleich zu der Gründungszeit, als Sie anfingen, miteinander in dieser Institution zu arbeiten?
... Gegenwart und Zukunft (auf der Zeitebene):	Angenommen, ein Wunder würde geschehen und die heute angesprochenen Konflikte hätten sich in naher Zukunft in Luft aufgelöst, was würden Sie selbst dann anders machen?
... Räumen:	Wo können Sie dieses Problem eher besprechen, in der Supervision, im Team oder unter vier Augen?

Tab. 8: Konstruktion von Unterschieden

Systemisch-zirkuläre Fragen lassen sich zudem noch in direkte und indirekte Fragen unterteilen und können sich bezüglich ihres Komplexitätsgrades erheblich unterscheiden. Ein Beispiel für eine direkte Frage hinsichtlich des Verhaltens von Teammitgliedern in einer Konfliktsituation könnte folgendermaßen lauten: „Was machen Sie selbst konkret, wenn Sie sich in der Teambesprechung anfangen zu ärgern?“ Die indirekte Variante könnte lauten: „Was machen eigentlich Ihre Kollegen, wenn die sich in der Teambesprechung anfangen zu ärgern?“

Eine weitere Variante des systemisch-zirkulären Fragens sind die im de-Shazerschen lösungsorientierten Kurzzeitansatz entwickelten

Fragetypen: Skalierungsfragen, Wunderfragen und Verschlimmerungsfragen. Skalierungsfragen erleichtern zu Beginn eines Supervisionsprozesses die Einschätzung des Status quo und in seinem Verlauf die weitere Entwicklung (de Shazer 1992). Wunderfragen unterstützen den Schritt hinaus aus der Problemhypnose und hinein in eine Welt der Lösungsmöglichkeiten, indem sie das erwünschte Ziel vorstellbar machen, z. B.: „Angenommen, ein Wunder würde geschehen, und heute Nacht, während Sie schlafen, würden Ihre Probleme gelöst. Woran würden Sie das morgen früh merken, und was würden Sie dann anders machen?" Verschlimmerungsfragen zählen sowohl im Teamkontext als auch im Einzelsetting und vor allem in der Selbstsupervision zu den wirkungsvollsten Fragen, da sie den eigenen Einfluss auf das System verdeutlichen, z. B.: „Angenommen, Sie wollten die Situation noch verschlimmern. Was könnten Sie dazu beitragen?" Verschlimmerungsfragen sind vor allem dann hilfreich, wenn SupervisandInnen in einer Klagehaltung verharren und sich zu Unrecht schlecht behandelt fühlen. Verschlimmerungsfragen lassen sich in der Regel schnell beantworten, verführen oft zu einem Schmunzeln und damit zu einer humorvollen Distanzierung vom Problem.

Wie das Hypothesenbilden dient im systemischen Supervisionsprozess auch das zirkuläre Fragen der Informationsgewinnung, und zwar ebenfalls auf verschiedenen Ebenen. So können (entsprechend den Möglichkeiten des Hypothesenbildens) Fragen auf verschiedenen Zeitebenen gestellt werden, z. B. in Bezug auf Zusammenhänge der Entstehung, der Aufrechterhaltung oder der Weiterentwicklung eines Problems. Auch beim zirkulären Fragen liegt das Hauptinteresse auf Fragen, die Gegenwart und Zukunft beleuchten. Fragen zur Vergangenheit sind jedoch dort von Bedeutung, wo mit ihrer Hilfe zu einem besseren Verständnis der gegenwärtigen Situation beigetragen wird und damit ein tragfähigerer Lösungsansatz gefunden werden kann. Auch zirkuläre Fragen können sich entsprechend den Möglichkeiten des Hypothesenbildens entweder auf das Problemsystem oder das Lösungssystem richten.

Die indirekten systemisch-zirkulären Fragen, die gern auch als Klatsch über Dritte in deren Anwesenheit beschrieben werden, haben einige Vorteile. Manchmal ist es im Supervisionsprozess vor allem im Kontext einer Gruppensupervision leichter, etwas zu beantworten, was man selbst bei anderen beobachtet hat, als eine Selbstauskunft zu geben. Zudem erhalten diejenigen, über die eine Hypothese geäußert wird, mehr Information, als wenn sie nur direkt befragt würden, weil sie ihr Selbstbild mit dem von anderen geschilderten Fremdbild vergleichen können und dabei zusätzlich erfahren, wie sie auf andere wirken.

Unverzichtbarer Teil des indirekten systemischen Fragens ist allerdings, dass die SupervisorIn diejenigen Personen, die indirektes Objekt der Frage sind, im Anschluss selbst dazu befragt, ob sie den über sie gemachten Annahmen zustimmen oder die Dinge anders sehen. Des Weiteren ist zu beachten, dass die indirekten systemisch-zirkulären Fragen für Personen, die noch nicht mit ihnen vertraut sind, durchaus gewöhnungsbedürftig sind. Wenn SupervisandInnen noch keine Erfahrung in systemischer Supervision und damit noch keine Erfahrung mit zirkulären Fragen gemacht haben, ist es für das Gelingen eines Supervisionsprozesses hilfreich, diese neue Art des Fragens zu erklären und zu begründen. Transparenz und Nachvollziehbarkeit erleichtern die Möglichkeit, sich auf Neues einzulassen. Sie erleichtern ebenfalls die praktische Einübung der Methode systemisch-zirkulärer Fragen. Denn das eine ist, die Methode des systemisch-zirkulären Fragens theoretisch nachzuvollziehen, das andere ist jedoch, sie im konkreten Supervisionsgeschehen praktisch umzusetzen und mit zirkulären Fragen andere, herkömmlichere oder spontanere Fragen zu ersetzen. Der lockere Umgang mit systemisch-zirkulären Fragen erfordert viel Übung und wird nicht umsonst in mehrjährigen Weiterbildungscurricula gelehrt und trainiert.

Supervisionsbeispiel: Zirkuläres Fragen in einer Fallsupervision im Einzelsetting

Im Folgenden wird anhand einer Fallsupervision, die im Einzelsetting stattgefunden hat, notwendigerweise stark verkürzt aufgezeigt, wie mit Hilfe der Methode des systemisch-zirkulären Fragens ein Supervisionsprozess maßgeblich gestaltet werden kann.

Die Supervisorin erkundigt sich bei der Supervisandin, welche Fragen sie in die Supervision mitbringt. Die Supervisandin, die als Psychologin auf der psychotherapeutischen Station einer Erwachsenenpsychiatrie arbeitet, berichtet, es handele sich um die Therapie eines ihrer Patienten (Herrn U.s), der einen Waschzwang habe. Herr U. habe sich heftig verliebt, sei seit einiger Zeit in ziemlichen Aktionismus verfallen und erzähle ihren KollegInnen und den Pflegekräften ununterbrochen von seiner neuen Liebe. Er halte die ganze Kollegenschaft in Atem, indem er sein Liebesleid klage und jederzeit „ein offenes Ohr" erwarte. Sie und ihre KollegInnen seien am Limit der Geduld angelangt. Sie selbst komme oft ins Rotieren, um mit Herrn U. Lösungen zu erarbeiten, die er aber jedes Mal ablehne.

Sie habe für die Supervision zwei Fragen, zum einen, wie sie ihre Geduld und ihr Wohlwollen gegenüber ihrem Patienten behalten, und zum anderen, wie sie eine Musterunterbrechung erreichen könne. Statt an dieser Stelle nach Möglichkeiten zu suchen, Geduld und Wohlwollen zu sichern, greift die Supervisorin die Formulierung der Supervisandin wortwörtlich auf und betont, dass diese ja nach eigener Einschätzung bereits Geduld und Wohlwollen habe. Es gehe ja anscheinend vor allem darum, diese Haltung angesichts ihres drohenden Verlusts aufrechtzuerhalten. Die Supervisorin fokussiert damit zunächst auf die bereits vorhandenen Ressourcen „Geduld und Wohlwollen" und nicht auf das Problem, sie möglicherweise zu verlieren. Sie stellt in der Folge die Fragen: „Wie ist es Ihnen denn in der Vergangenheit gelungen, ihrem Patienten gegenüber dieses Wohlwollen zu entwickeln und diese Geduld aufzubringen, und was haben sie da konkret gemacht?" Eine weitere Frage fokussiert auf die Zukunft: „Angenommen, Sie würden weiterhin wie bisher Wohlwollen und Geduld zeigen, wie lange könnten Sie beides aufrechterhalten?" Die Supervisandin antwortet daraufhin, wohl nicht mehr lange. Alle anderen hätten bereits die Geduld verloren.

An dieser Stelle wechselt die Supervisorin den Fokus und fragt nach den „guten Gründen" für das Verhalten des Patienten: „Angenommen, das Verhalten Ihres Patienten wäre ein Lösungsversuch, wofür könnte der stehen?" Die Supervisandin erzählt, dass Herr U. in zwei Wochen entlassen werde und er möglicherweise mit seinem Verhalten darauf aufmerksam machen wolle, dass er noch weitere Zuwendung brauche und noch nicht entlassen werden könne, obwohl sein Waschzwang schon nachgelassen habe. Seine Zwänge stünden vermutlich auch für sein Bedürfnis nach Sicherheit und Ordnung.

Der nächste Fokuswechsel der Supervisorin richtet sich darauf, das Verhalten der Supervisandin besser verstehen zu wollen: „Wofür ist der bisher gezeigte wohlwollende Blick auf Herrn U. denn so wichtig?" Die Supervisandin erläutert, Herr U. mache, seit er sich verliebt habe, eine neue Beziehungserfahrung. Es gehe bei ihm um das Balancieren von Nähe und Distanz. Darin wolle sie ihn unterstützen. Außerdem werde er in zwei Wochen entlassen, und sie wolle einen guten Therapieabschluss hinbekommen. Aber egal, was sie mache, Herr U. gehe nicht auf ihre Angebote und Lösungsvorschläge ein. Wenn er zu sehr leide und sich als Opfer seiner neuen Liebe darstelle, komme sie schnell ins Rotieren. Dies habe aber keinen Sinn, er erwarte eher, wie sie es ausdrückt, „Beschwichtigungen". Lösungsvorschläge wolle er nicht hören. Auch sie sei am Ende ihrer Geduld.

Die Supervisorin fragt daraufhin: „Wofür könnte Ihre Ungeduld denn gut sein?" Die Supervisandin beschreibt, dass die Ungeduld ihr beim Grenzensetzen sehr wichtig sei. Oftmals paare sie ihre Ungeduld mit Humor, indem sie z. B. ein Schild an die Tür hänge: „Heute keine Klagestunde!" Aber Herr U. lasse sich davon nicht abhalten, und sie denke insgeheim, dass er auf eine Grenzziehung warte.

Die Supervisorin möchte an dieser Stelle etwas über die Auswirkungen einer potenziellen Grenzziehung erfahren: „Angenommen, Sie würden auch auf eine Grenze warten, und Sie würden sich erlauben, eine Grenze zu ziehen im Gespräch mit Herrn U., was würden Sie dann anders machen?" Die Supervisandin meint, dass sie dann vermutlich nicht mehr so viele Lösungen für ihn erarbeiten würde. Stattdessen würde sie mehr Fragen stellen und nicht schon Antworten parat haben.

Hier greift die Supervisorin die zweite Supervisionsfrage, welche die Supervisandin zu Beginn des Supervisionsprozesses gestellt hat, auf und möchte gern wissen: „Wie könnte denn eine Musterunterbrechung aussehen? Und welches Muster können Sie in der gegenwärtigen Situation erkennen?" Die Supervisandin berichtet, dass sie sich frage, was die jetzige Geschichte noch mit dem Waschzwang zu tun habe. Sie selbst deute den Waschzwang als eine Art, Beziehung aufzunehmen mit sich selbst: sich so lange zu reiben, bis es blute. Diesmal reibe Herr U. sich an Menschen. Er lebe den Zwang in der Beziehung aus, reibe sich dort auch blutig. Eine Lösung könne es sein, wenn sich Herr U. in eine Beziehung begeben könne, die nicht nur schmerzhaft sei.

Die Supervisorin zeigt sich weiter neugierig: „Wie könnte eine Musterunterbrechung denn bei Ihnen selbst aussehen?“ Die Supervisandin erklärt, sie wolle es schaffen, dass Herr U. seinen Klinikaufenthalt gut abschließen könne. Sie würde dafür gern mehr mit ihrer eigenen Ungeduld *spielen* und frage sich nach der richtigen Dosierung. Die Supervisorin fragt zurück: „Und was wäre eine passende Dosierung?“ Die Supervisandin antwortet schmunzelnd, es sei dann passend, wenn Herr U. mitlachen könne. Die Supervisorin fragt weiter: „Und was wäre die passende Dosierung für *Sie*?“ Die Supervisandin meint lachend, die sei dann gegeben, wenn auch sie mitlachen könne. Sie wolle eine Balance zwischen Ernsthaftigkeit und Leichtigkeit finden. Vielleicht mache sie zwei Schilder, die sie im Wechsel an ihre Tür hänge. Auf einem solle „Klagestunde“ stehen und auf dem anderen „Fragestunde“. Das würde auch für andere Patienten gut passen. An manchen Tagen würde sie dann das eine und an manchen das andere Schild aufhängen. Sie hoffe dann auf entsprechende paradoxe Effekte.

Abschließend fasst die Supervisandin die für sie wichtigsten Ideen zusammen: Sie wolle in den nächsten Gesprächen Herrn U. schneller unterbrechen, wenn er wieder klage, und ihm stattdessen Fragen stellen. Sie wolle auch weniger Lösungen selber vorschlagen, sondern stattdessen fragen, was Herr U. selbst machen wolle, und dann, wenn dies möglich sei, für seine Lösungsvorschläge Verständnis zeigen. Wenn ihr das nicht gelinge, werde sie ihm das auch sagen. In jedem Falle wolle sie aber das baldige Ende seines Aufenthaltes mit ihm thematisieren und in Verbindung zu seinem jetzigen Verhalten bringen. Und sie wolle mit ihm über Geduld und Ungeduld sprechen und vielleicht über seine Liebe, aber – und dabei lacht sie wieder in weiser Selbsteinsicht – wahrscheinlich sei das schon wieder zu viel, was sie sich da vornehme.

9. Allparteilichkeit in der systemischen Supervision

Allparteilichkeit ist eine wesentliche Maxime systemischer Supervision, die in enger Verbindung steht mit dem Grundsatz, den SupervisandInnen keine fertigen Lösungen anzubieten, sondern es ihnen durch Fragen und Hypothetisieren zu ermöglichen, selbst passende Lösungen zu finden. Das Konzept der Allparteilichkeit hat dabei den Begriff der Neutralität abgelöst, der früher im systemischen Diskurs die Haltung des Nicht-Partei-Ergreifens bezeichnet hatte. Im systemischen Verständnis kann Allparteilichkeit heute zweierlei bedeuten, Neutralität oder Pluralität. Wird Allparteilichkeit im Sinne einer neutralen Haltung verstanden, bringt sie zum Ausdruck, dass die SupervisorIn in einer Auseinandersetzung, sei es, dass sie sich im Innern eines Menschen oder zwischen zwei Menschen abspielt, weder der einen noch der anderen Seite den Vorzug gibt. Wird Allparteilichkeit im Sinne einer pluralen Haltung verstanden, verweist der Begriff darauf, dass sich die SupervisorIn sowohl gegenüber der einen als auch gegenüber der anderen Seite prinzipiell offen zeigt. In der Abfolge von Neutralität, Pluralität und Allparteilichkeit drückt sich eine Problemsensibilisierung und entsprechende Weiterentwicklung systemischer Haltung aus, die hier nicht im Einzelnen vertieft wird. Sinnvoll scheint jedoch, Allparteilichkeit als Überbegriff zu etablieren, der in Neutralität und Pluralität gegebenenfalls geeignete Ausdrucksformen finden kann.

Welche Bedeutung die Allparteilichkeit im Supervisionsprozess hat, zeigt sich am offensichtlichsten, wenn SupervisandInnen Entscheidungsfragen einbringen, die alternative Lösungen beinhalten, z. B.: „Soll ich den Beratungsprozess beenden, oder soll ich ihn weiterführen?" Die Allparteilichkeit würde nicht gewahrt, wenn die SupervisorIn sich für nur eine Option aussprechen würde. Auch in der verkürzten Version der Frage: „Soll ich den Beratungsprozess beenden?", könnte für die SupervisorIn die Gefahr der Parteilichkeit bestehen, wenn sie sich zu einer inhaltlichen Beantwortung dieser Frage in Form eines „Ja" oder „Nein" verführen lassen würde. Denn diese zweite, verkürzte Frage ist nur unvollständig formuliert; es fehlt der logische zweite Teil: „... oder nicht?" Es handelt sich also ebenfalls um eine Entscheidungsfrage, obwohl das Entweder-oder in der Frage nicht ausformuliert ist. Differenztheoretisch gesprochen, ist bei dem zweiten Fragebeispiel das Prinzip der Unterscheidung nicht bedacht, d. h., die Alternative ist ausgeblendet, die erst das ganze Bild ergibt: beenden oder nicht beenden. Aufgabe der SupervisorIn ist es daher, diese Unterscheidung durch Hypothetisieren oder Fragen wieder einzuführen (Schuhmacher 1995).

Auch in der folgenden Supervisionsfrage, bei der die SupervisandIn scheinbar bereits eine Entscheidung für eine Option getroffen hat, ist die Wichtigkeit der Grundunterscheidung zentral, allerdings nicht so leicht wie in den beiden vorher genannten Beispielen zu erkennen: „*Wie* soll ich den Beratungsprozess beenden?" Auch hier bleibt im Hintergrund die grundlegende Alternative „beenden oder nicht beenden" bestehen. Würde sich die SupervisorIn im Supervisionsprozess nur der rein technischen Seite des Beendens zuwenden, würden möglicherweise Lösungsaspekte ausgeschlossen, die einen dritten Weg darstellen und die statt in einer Beendigung z. B. in einer veränderten Weiterführung des Beratungsprozesses bestehen.

Die Haltung der Allparteilichkeit stellt im Supervisionsprozess in gewisser Weise fortlaufend eine Herausforderung dar, auch wenn die SupervisandIn bereits eine Entscheidung getroffen hat und in der Supervision an dem Wie im Einzelnen weiterarbeiten will. Wenn etwa die Frage der SupervisandIn lautet: „Was ist der nächste Schritt?" „Wie kann ich weitermachen?" ... dann ist auch dabei Allparteilichkeit gefragt, auch wenn es scheinbar nur um die technischen Einzelheiten der Umsetzung einer Grundentscheidung geht.

In der systemischen Supervision ist es daher vor allem bei Entscheidungsfragen von zentraler Bedeutung, dass die SupervisorIn die Voraussetzung dafür schafft, dass die Entscheidungsgrundlagen in ihrer ganzen Vielfalt ansprechbar werden. Dazu zählen neben den kognitiven vor allem auch affektive Elemente und Machbarkeitsaspekte. Des Weiteren sollte es die SupervisorIn durch entsprechendes Fragen und Hypothetisieren ermöglichen, dass verschiedene Optionen besprochen und dass diese in ihren erwünschten und unerwünschten Auswirkungen durchgespielt werden können. Vor allem die Kosten von Lösungen sind dabei zu beachten, denn es gilt fast immer der Satz: Keine Lösung ohne Preis.

Allparteilichkeit stellt oft dann eine besondere Herausforderung dar, wenn es um Supervisionsanliegen geht, bei denen Veränderung oder Nichtveränderung zur Debatte steht und die im Kontext einer Teamsupervision z. B. in folgender Frage zum Ausdruck kommen: „Wie können wir unsere Strukturen verändern, so dass sich der Informationsfluss zwischen den einzelnen MitarbeiterInnen verbessert?“ Auch bei dieser Frage stehen scheinbar technische Dinge im Vordergrund, und der Fokus scheint einseitig auf Optimierung und Veränderung ausgerichtet zu sein. Bei Veränderungsfragen ist es im Sinne der Allparteilichkeit daher wiederum wichtig, Unterscheidungen einzuführen und diese in der Folge zu balancieren. Konkret kann dies dadurch geschehen, dass die SupervisorIn die Frage stellt: „Was läuft in Bezug auf den Informationsfluss in Ihrer Organisation bereits so, dass Sie damit zufrieden sind?“ „Und wie ist es Ihnen gelungen, dies zu erreichen?“ Aufbauend auf dem Wissen, dass es bereits Aspekte gibt, die zufriedenstellend gelöst worden sind, können dann auch die Bereiche leichter thematisiert werden, für die dringend Veränderungsbedarf besteht.

Sich bezüglich solcher Fragen, die, wie in unserem Fragebeispiel, schon in eine bestimmte Handlungsrichtung weisen, allparteilich zu verhalten und Unterscheidungen einzuführen, die zunächst einmal den Supervisionsprozess zu verlangsamen scheinen, verlangt der SupervisorIn einiges ab. Denn die spontane Reaktion geht eher in die Richtung, auf den schon fahrenden Zug aufzuspringen und, um im Beispiel zu bleiben, schnell und zügig Veränderungsprozesse in Gang bringen zu wollen.

Ein weiterer Aspekt, bei dem Allparteilichkeit und damit Unterscheidungen gefordert sind, spielt in Supervisionsanliegen eine Rolle, die defizitorientiert formuliert sind, z. B.: „Wie kann ich die Unklarheit und die Unsicherheit überwinden, die ich bei der Beratung dieser Familie spüre?“ Auch hier könnte sich die SupervisorIn von der Fragestellung dazu verleiten lassen, Hypothesen und Fragen zu präferieren, die in Richtung von mehr Klarheit und Sicherheit gehen. In diesem Falle würden allerdings all die Punkte verlorengehen, welche die Vorteile von Unklarheit und Unsicherheit aufzeigen könnten. So schützen Unklarheit und Unsicherheit z. B. vor übereiltem Handeln und laden stattdessen eher dazu ein, nochmals den Kontext zu klären, den Auftrag zu präzisieren oder zusätzliche Informationen einzuholen. Sind diese Schritte getan, stellen sich Klarheit und Sicherheit oft von allein ein. Zu dieser Erkenntnis kann die SupervisandIn selbst relativ leicht kommen, wenn sie sich mit den von der SupervisorIn gestellten Fragen auseinandersetzt: „Was bräuchten Sie, um klarer zu sehen und sich sicherer zu fühlen?" „Und was würden Sie dann anders machen, wenn Sie mehr Klarheit und Sicherheit spürten?" „Welche Vorteile und welche Nachteile wären damit verbunden?"

Ein weiterer Punkt, an dem sich Allparteilichkeit zeigen kann, liegt im Umgang mit Konstrukten, Begriffen und Erklärungen, die SupervisandInnen in die Supervision einbringen. So kann sich in einer Teamsupervision z. B. herausstellen, dass der von einigen Teammitgliedern benutzte Begriff „Konflikt" als Beschreibung der aktuellen Teamsituation keinesfalls von allen Teammitgliedern geteilt wird. Wenn sich die SupervisorIn also in Anlehnung an die von der AuftraggeberIn formulierte Einladung zum „Konfliktmanagement" an die Klärung des Auftrags machen will und nach dem Konflikt im Team fragt, ist es gut vorstellbar, dass manche Teammitglieder die Rückfrage stellen: „Welcher Konflikt?" Ähnliche Situationen sind bei den Begriffen „Problem" oder „Schwierigkeiten" vorstellbar. Die unterschiedlichen Konstrukte, Begriffe und Erklärungen der einzelnen Teammitglieder stehen stellvertretend für verschiedene Wirklichkeitskonstruktionen im Team und sind es daher wert, ausführlich erfragt und wertgeschätzt zu werden.

Auch bei der Berücksichtigung von kognitiven, affektiven und Machbarkeitsressourcen der SupervisandInnen ist die Allparteilichkeit der SupervisorIn gefragt. Wenn sich das Supervisionsgeschehen auf nur einer der drei Ebenen der Affektlogik abspielt, z. B. auf der Verhaltensebene, kann in der Regel davon ausgegangen werden, dass sich die gewonnenen Erkenntnisse bald wieder verlieren. Erst die Einbeziehung aller drei Ebenen sorgt dafür, dass Nachhaltigkeit erreicht wird. D. h., erst wenn Lösungen auf der Verhaltensebene den eigenen kognitiven Bewertungsmaßstäben genügen und wenn sie zusätzlich mit den eigenen Affekten in Einklang sind, sind sie wirklich tragfähig.

Auch verbale und nonverbale Aspekte von Kommunikation lohnen es, unter dem Gesichtspunkt von Allparteilichkeit betrachtet zu werden. Neben der verbalen Kommunikation, die auch in der systemischen Supervision oft im Vordergrund steht, vermitteln nonverbale und paraverbale Reaktionen oft entscheidende neue Informationen. So können SupervisorInnen oft an der Mimik ihrer SupervisandInnen besser als an ihren verbalen Äußerungen erkennen, ob der Supervisionsprozess für sie zufriedenstellend verläuft. In der Regel geht eine erfolgreiche Supervision mit Veränderungen in Haltung und Mimik der SupervisandInnen einher, die mit ihrer parallel erlebten Entlastung korrespondieren. Wenn während des Supervisionsprozesses Tränen fließen, sind auch diese ein starkes Ausdrucksmittel. In der Regel gibt es viele Beweggründe für Tränen, so dass SupervisorInnen nicht wissen können, was Tränen zum Ausdruck bringen wollen. Damit sie dennoch als Information genutzt werden können, ist es für die SupervisorIn hilfreich, Tränen zunächst als wichtigen Teil nonverbaler Kommunikation positiv zu konnotieren und im Anschluss daran möglicherweise folgende zirkuläre Frage zu stellen: „Angenommen, Ihre Tränen hätten etwas Wichtiges zu sagen, was bislang noch nicht erwähnt oder gefragt worden ist, was würden Ihre Tränen sagen wollen?"

Auch die Dimensionen von Zeit und Raum können unter dem Aspekt der Allparteilichkeit betrachtet werden. Manchmal treten die in Supervisionsprozessen geschilderten Probleme zu bestimmten Zeiten auf und zu anderen nicht. Ähnlich verhält es sich oft mit Räumen bzw. Orten. Im Rahmen von Fallsupervisionen im Kontext der Kinder- und Jugendpsychiatrie wird oft von SupervisandInnen berichtet, dass die von ihnen behandelten Kinder ein bestimmtes Problemverhalten, das sie zu Hause zeigen, in der Klinik nicht erkennen lassen.

Nicht zuletzt können sich SupervisorInnen gegenüber Menschen allparteilich verhalten. Hier ist allerdings die Gefahr, sich parteilich zu verhalten oder als parteilich erlebt zu werden, besonders groß; daher werden im Folgenden verschiedene Parteilichkeitsfallen aufgezeigt. In gemischtprofessionellen Teamsupervisionen steht z. B. der hierarchische Status in der Institution und die damit verbundene Funktion oft in direktem Zusammenhang mit der Rolle in der Supervision. So können SupervisorInnen Gefahr laufen, die anwesende LeiterIn des supervidierten Teams in einer Supervision unbeabsichtigt besonders häufig oder besonders selten zu befragen sowie ihren Äußerungen größere Bedeutung beizumessen und ihnen strukturell eher zuzustimmen. Eine weitere Falle kann auch darin bestehen, eine bestimmte Berufsgruppe zu vernachlässigen oder unverhältnismäßig hervorzuheben. Auch die Geschlechtszugehörigkeit kann mit parteilichem Verhalten korrelieren. So bekommt in Teams, deren Frauen- und Männeranteil sehr unterschiedlich ist, oft die Geschlechtergruppe, welche die Mehrheit stellt, überproportional hohes Gewicht. Dasselbe passiert gern mit dem berühmten „Hahn im Korb" einer ansonsten durch Frauen geprägten Einrichtung. Eine oft zu beobachtende weitere Unterscheidung in Bezug auf die Rolle von Teammitgliedern kann auch in ihrer Anciennität, d. h. ihrem Dienstalter in der Institution, liegen. Hier kann die Parteilichkeitsfalle dann zuschnappen, wenn die „Alten" gegenüber den „Jungen" zu wichtig genommen werden oder umgekehrt. Auch gegenüber Anwesenden und Abwesenden kann Parteilichkeit auftreten. So ist es beispielsweise in Teams, bei denen nur ein Teil an der Supervision teilnimmt, wichtig, bei der Auftragsklärung auch nach den Erwartungen und Befürchtungen der Abwesenden zu fragen oder danach, wie der Informationsfluss in Richtung zu den Nichtanwesenden gesichert werden kann.

Die vielen Dimensionen, in denen Allparteilichkeit im Supervisionsprozess gezeigt werden kann, erwecken vielleicht den Eindruck, als könnten SupervisorInnen allein schon an ihr scheitern. Nun ist es jedoch so, dass Allparteilichkeit kein Zustand ist, den man erreicht oder verfehlt, sondern vielmehr ein angestrebtes Ziel ist, an dem SupervisorInnen wie an einer Utopie arbeiten in dem Wissen, dass sie sie nie werden erreichen können. Allparteilichkeit muss daher nicht in jedem Moment des Supervisionsprozesses gleich verteilt sein. Schon der ständige Wechsel von zirkulärem Fragen und Hypothesenbildung erhöht in Verbindung mit dem Balancieren der getroffenen Unterscheidungen die Wahrscheinlichkeit, dass sich Allparteilichkeit einstellt.

Eine weitere Herausforderung liegt darin, dass SupervisorInnen nicht über die allparteiliche Wirkung ihres Verhaltens bestimmen können. Sie verfügen nicht über das Interpretationsmonopol ihres Verhaltens. Ob sie als allparteilich wahrgenommen werden, entscheidet allein das Gegenüber.

Supervisionsbeispiel: Allparteilichkeit anhand des Orgabretts im Einzelsetting „Coach the Coach“

Im Folgenden wird anhand einer Einzelsupervision, die auch unter dem Motto „Coach the Coach“ hätte stattfinden können, dargestellt, wie mit Hilfe der Methode des Orgabretts auch im Profitbereich Supervisionsfragen innerhalb kurzer Zeit so bearbeitet werden können, dass der Supervisand mit neuen Bildern und Ideen hinsichtlich machbarer nächster Schritte aus der Supervision hervorgehen kann.

Der Unternehmensberater, der bislang keine systemische Erfahrung hat, aber sehr erfahren in der Abwendung von Insolvenzen ist, stellt in der Supervision die Beratung eines Familienunternehmens vor, das Präzisionsgeräte produziert. Der Supervisand bringt folgende Fragestellungen in die Supervision mit: „Woran kann es liegen, dass mir Beratungsprozesse häufig misslingen?“ „Wie kann ich es schaffen, dass sich meine Kunden, in diesem Falle das Familienunternehmen, an die ausgehandelten Vereinbarungen halten?“ „Wie trage ich möglicherweise selbst dazu bei, dass sich die Kommunikation so schwierig gestaltet?“

Es ist ein an sich komplexer Fall insofern, als sich verschiedene Problemstellungen überlappen. Der Unternehmensberater hat diesen Beratungsfall mit dem Auftrag übernommen, die finanzielle Situation des Unternehmens zu konsolidieren und zudem den Generationswechsel von der Gründungsgeneration auf die nächste Generation zu begleiten. Teil der Aufgabe war es, zunächst für die Transparenz der Finanzen zu sorgen, dann mit der Bank zu verhandeln und die Kreditsituation zu klären. Da die Bank keine weiteren Kredite zu geben bereit war und selbst Forderungen an das Familienunternehmen stellte, welche die weitere Kooperation betraf, schlug der Unternehmensberater mit Rückendeckung durch die Bank vor, einen externen Investor mit *fresh money* für das Unternehmen zu suchen, um die drohende Insolvenz abzuwenden. Zusätzlich zu den finanziellen Problemen kristallisierte sich das Problem heraus, das es zwischen Vater und Sohn eine unterschiedliche Bewertung des Vermittlungsergebnisses gab, das der Unternehmensberater zur Rettung des Unternehmens mit den Kreditgebern ausgehandelt hatte und als eine rein technisch gesehen hervorragende Lösung in der Unternehmenskrise anbieten konnte.

In der folgenden systemischen Supervision wird nur eine der Problemdimensionen herausgegriffen, damit durch bewusste Vereinfachung, die noch durch den Einsatz des Orgabretts betont wird, gezeigt werden kann, dass man sich in der systemischen Supervision durch die Komplexität von Fällen und die Professionalität angebotener, aber nicht greifender Lösungen nicht vereinnahmen lassen und sich nicht vor einfach erscheinenden Methoden und frappierend unkomplizierten Lösungsversuchen scheuen darf. Ein Fall, in welchem dieser spannende Gegensatz sichtbar gemacht werden kann, erzeugt Erstaunen und Eindruck, wenn nicht der irrige Rückschluss gezogen wird, die minimalistischen Lösungen seien Folge einer einfach zu durchschauenden Problematik. Wenn dem so wäre, würde ein professionell äußerst erfahrener Berater keine Supervisorin aufsuchen. Es mag sogar sein, dass die enormen Fachkenntnisse des Unternehmensberaters und seine rationale Herangehensweise in der Beratung gerade den Blick für die Struktur der Interaktion verstellt. Die interaktionellen und kommunikativen Aspekte sind, wie man an diesem Fallbeispiel erkennen kann, von ebensolcher, wenn nicht höherer Bedeutung für eine Lösung als die ökonomische Rationalität des vom Unternehmensberater erarbeiteten Lösungsvorschlags.

Die Supervisorin lädt den Supervisanden dazu ein, die Konstellation Bank/Unternehmensberater/Familienunternehmen auf dem Orgabrett mit Hilfe von Holzfiguren so darzustellen, dass die Positionen der drei Parteien und ihr Fokus deutlich werden. Das Orgabrett stellt eine für den Kontext Organisationsberatung adaptierte Version des Familienbretts dar, die es erleichtert, zum geschilderten Fall eine Außenperspektive einzunehmen und mit Hilfe figürlicher Darstellung die Beziehungsgestaltung zwischen verschiedenen Akteuren zu visualisieren und auf diese Weise schnell Vor- und Nachteile dieser Konstellation zu erkennen.

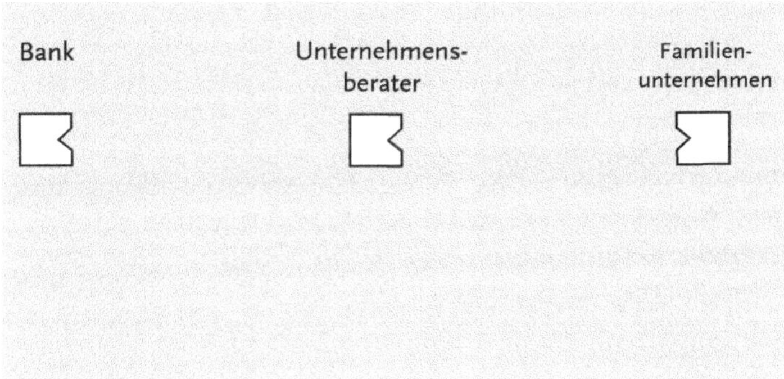

Orgabrett 1: Status quo

Während der Supervisand die drei Akteure auf dem Orgabrett platziert, berichtet er weiter über die Entwicklung der Unternehmensberatung. Die Unternehmerfamilie, vor allem der Juniorchef, sieht den Vorschlag, einen externen Investor in das Unternehmen zu holen, kritisch und hätte lieber einen weiteren Kredit von der Bank, den diese aber nicht gewähren will. Angesichts des Bildes auf dem Orgabrett lädt die Supervisorin den Supervisanden ein, sich von seinem konkreten Fall etwas zu lösen und eher die Positionierung der Figuren auf dem Orgabrett zu nutzen, um Hypothesen darüber zu bilden, welches die Vor- und Nachteile der jeweiligen Positionen sind.

Folgende Hypothesen werden im dialogischen Wechselspiel in assoziativer Abfolge zwischen Supervisanden und Supervisorin gebildet: Das Misslingen der Beratung könnte mit den divergierenden Aufträgen der Akteure zu tun haben. Nicht nur das Familienunternehmen, sondern auch die Bank ist Auftraggeber. Beide wollen etwas voneinander, aber vor allem wollen beide etwas vom Unternehmensberater. Die Selbstdefinition des Unternehmensberaters als unabhängig und neutral ist in der Konstellation auf dem Orgabrett nicht zu erkennen.

Um dem zunächst eher selbstkritischen Blick des Supervisanden eine andere Richtung zu geben, fragt die Supervisorin, welches denn die Vorteile seiner Position sind. Folgende Aspekte werden gemeinsam erarbeitet: Der Unternehmensberater hat Blickkontakt mit dem Familienunternehmen, er kann dessen Erwartungen gut erkennen. Er hat die Bank im Rücken, und er stellt die Verbindung her zwischen der Bank und dem Familienunternehmen. Vor allem bei der Sammlung positiver Gesichtspunkte wird deutlich, dass es sich bei der Veranschaulichung auf dem Orgabrett nicht nur um eine Problemdarstellung handelt, sondern bereits um einen Lösungsversuch. Diese Erkenntnis ist für die weitere Arbeit im Sinne einer ressourcenorientierten Lösungsfindung grundlegend.

Als Nachteile der Positionierung im Ausgangsbild werden allerdings im weiteren supervisorischen Dialog folgende Aspekte gefunden: Der Unternehmensberater hat keinen Blickkontakt mit der Bank. Er verhindert sogar den direkten Kontakt zwischen dem Familienunternehmen und der Bank. Er konfrontiert außerdem das Unternehmen mit den Forderungen der Bank, und er wird möglicherweise vom Familienunternehmen mit der Bank verwechselt. Er läuft zudem Gefahr, zum verlängerten Arm der Bank zu werden und zwischen die Fronten zu geraten.

Nachdem der Status quo der Beratungssituation mit seinen interaktionellen Facetten deutlich geworden ist, lädt die Supervisorin den Supervisanden in einem nächsten Schritt dazu ein, die ihn selbst verkörpernde Figur zu nehmen und eine andere Position auszuprobieren, in der er besser für sich sorgt. Methodisch bedeutsam ist bei diesem zweiten Schritt, dass der Supervisand lediglich seine eigene Figur verändert. Dies entspricht der systemischen Annahme, dass man andere Menschen nicht verändern kann, sich selbst jedoch wohl. Der Supervisand nimmt in der Folge seine Figur und dreht sie versuchsweise so, dass sich sein Fokus verändert, nicht jedoch der Ort, an dem er steht.

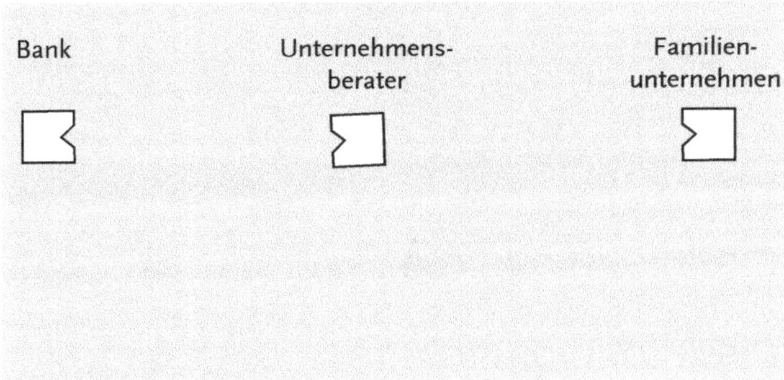

Orgabrett 2: Erste Veränderung

Auch anhand dieses zweiten Lösungsbildes werden mittels zirkulärer Fragen Hypothesen über Vor- und Nachteile der Positionierung gebildet. Zu den Vorteilen zählen folgende Aspekte: Der Unternehmensberater hat nun Blickkontakt mit der Bank und kann gut erkennen, was die Bank will. Er hat die Familie hinter sich. Er stellt die Verbindung her zwischen dem Familienunternehmen und der Bank. Als Nachteile tauchen allerdings folgende Gesichtspunkte auf: Er hat keinen Blickkontakt mit der Familie. Er verhindert wiederum den Kontakt zwischen der Bank und dem Familienunternehmen. Er wird zum verlängerten Arm des Familienunternehmens und steht immer noch im Schussfeld.

Nachdem auch dieses zweite Bild deutlich macht, dass der Supervisand sich gern mit den jeweiligen inhaltlichen Lösungen identifiziert und dabei nicht umhinkommt, jeweils auch mit den entsprechenden Akteuren zu koalieren, wird deutlich, dass er auf diese Weise nicht neutral sein kann. Die Supervisorin lädt ihn daher zu einem weiteren Suchprozess ein mit der Bitte, die eigene Position dahin gehend zu verändern, dass er in den Vollbesitz seiner Professionalität gelangt.

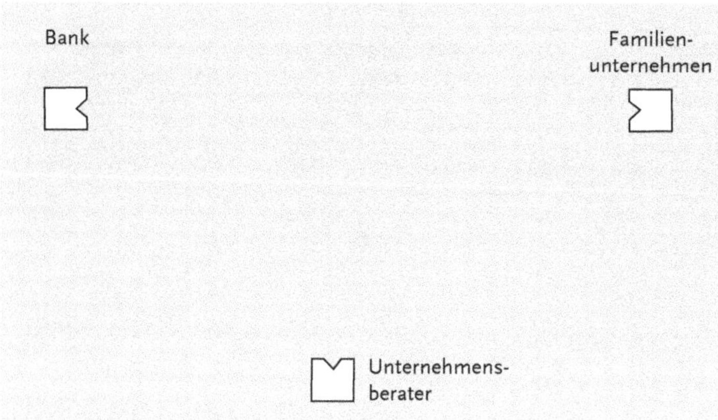

Orgabrett 3: Zweite Veränderung

Der Supervisand nimmt seine Figur und positioniert sie so, dass er mit den beiden anderen Akteuren ein Dreieck bildet. Folgende Vorteile kommen in der sich anschließenden Hypothesenrunde in den Blick: Der Unternehmensberater schaut auf die Beziehung zwischen Familienunternehmen und Bank. Mit einem leichten Drehen des Kopfes kann er beide Akteure gut erkennen und hat nun für sich die Möglichkeit geschaffen, die Aufträge beider Seiten zu klären. Er hat den Rücken „frei", und er verhindert nicht mehr den Kontakt zwischen der Bank und dem Familienunternehmen, sondern ermöglicht ihn sogar, indem Bank und Familienunternehmen ihre Erwartungen und Bedingungen direkt austauschen können. Er kann in dieser Position tatsächlich das tun, was er möchte, nämlich eine neutrale Position einnehmen und zwischen den Akteuren vermitteln. Das dritte Lösungsbild lässt zudem den Eindruck aufkommen, dass der Unternehmensberater sich aus der Schusslinie zurückgezogen hat und somit besser für sich in seiner Rolle sorgt. Er hat in dieser neuen Konstellation mehr Distanz zu seinen Aufträgen und kann dadurch auch leichter erkennen, welche Aufträge er übernehmen kann und will und welche nicht.

Im Übrigen ergab sich in der weiteren Supervision bezüglich des Generationswechsels im Unternehmen eine ähnliche Konstellation bzw. ein aufschlussreiches isomorphes Muster. Beim Erzählen der Geschichte wurde deutlich, dass sich der Unternehmensberater erneut auch zwischen Vater = Chef und Sohn = Nachfolger so positioniert hatte, dass er zwischen die Fronten geraten war. Er hatte sich die Position des Seniorchefs zu eigen gemacht und versucht, den Sohn von der Richtigkeit der Argumente des Vaters zu überzeugen. Auch diese erneute Zwickmühle konnte mit Hilfe des Orgabretts ressourcenorientiert aufgelöst werden.

Abschließend sei hier noch auf die Nähe der geschilderten Methode zum Skulpturenstellen in seinen verschiedenen Varianten hingewiesen. Die Gemeinsamkeit von Arbeit mit dem Brett und Arbeit mit Personen liegt zum einen in der Externalisierung des Problems und der damit verbundenen Kontrastierung von Innen- und Außenperspektive, zum anderen in der figürlichen Darstellung einzelner Aspekte und der damit gewonnenen Nachvollziehbarkeit der Positionen Dritter und nicht zuletzt im durch Bewegung erzeugten Perspektivenwechsel. Die Differenz besteht in der geringeren Erlebnisorientierung der Supervision bei Anwendung des Orgabretts. Die einfache Rationalität der Lösungen am Orgabrett kontrastiert zudem auch offensichtlich mit der körperorientierten Arbeit des Skulpturierens, in der den emotionalen Ressourcen neben den kognitiven Aspekten eine besondere Rolle bei der Lösungsfindung zukommt.

10. Metaphern in der systemischen Supervision

Ein gewichtiger Bestandteil systemischer Supervision ist die Arbeit mit Metaphern. Sie ist vor allem deshalb so bedeutsam, weil Lösungen in der Regel nicht nur rational, sondern auch emotional gefunden werden und weil sie umso nachhaltiger sind, je besser sie affektiv gerahmt sind. Unter Metaphern verstehen wir Wortbilder bzw. Sprachbilder, die sinnliche, räumliche und zeitliche Aspekte von Erlebtem oder Erlebbarem veranschaulichen. Sie eröffnen Perspektiven und laden ein zum Perspektivenwechsel.

Metaphern, die im Supervisionsgeschehen von Bedeutung sein können, lassen sich auf unterschiedlichen Interaktionsebenen generieren. Sie können z. B. auf der Ebene des KlientInnensystems entstehen und über ein Fallsupervisionsanliegen in das Supervisionsgeschehen Eingang finden. Wenn z. B. eine KlientIn erwähnt, dass sie in ihrer Arbeit gerade untergeht und keine Luft mehr bekommt, kann diese Schilderung in der entsprechenden Fallsupervision als Ausgangspunkt für die Hypothesenbildung genommen werden. Die SupervisorIn könnte die SupervisandIn z. B. nach ihren Hypothesen zu solchen Ausnahmesituationen befragen, in denen die KlientIn ausreichend Luft zum Atmen hatte, oder danach, wie es ihr bisher stets gelungen ist, doch über Wasser zu bleiben. Und sie könnte die SupervisandIn darin unterstützen, weitere ressourcenorientierte Fragen in Anlehnung an die Metapher zu formulieren, um sie dann der KlientIn im nächsten Beratungsgespräch zur weiteren Lösungsfindung fragend weiterzugeben.

Metaphern können auch in der Formulierung des Supervisionsanliegens enthalten sein. Wenn z. B. eine SupervisandIn, die mit dem Wunsch nach Neuorientierung in eine Einzelsupervision oder in ein Coaching kommt, die Fragen formuliert: „Wo könnte die Reise hingehen? Und wie könnte ich an mein Reiseziel kommen?" ... könnte sich die SupervisorIn zunächst danach erkundigen, ob die SupervisandIn mit Reisen positive Assoziationen verbindet oder eher ungern unterwegs ist. Und wenn sie gern reist, wie und wohin sie am liebsten fährt. Und wenn sie Befürchtungen in Bezug auf das Reisen hat, bei welchen Fortbewegungsmitteln und welchen Reisezielen am ehesten. In analoger Form weitergedacht, kann es zur Klärung des Supervisionsauftrags nützlich sein, auch danach zu fragen, ob es sich eher um eine Abenteuerreise oder einen Pauschalaufenthalt handeln soll, oder danach, falls die Reise mit dem Auto stattfindet, wo Tankstellenaufenthalte eingeplant sind.

Metaphern können auch für den Supervisionsprozess selbst stehen und bei seiner Gestaltung gute Dienste leisten. Um mit dem vorigen Beispiel fortzufahren: Die SupervisorIn könnte aus den Antworten zu den präferierten Fortbewegungsmitteln oder Reisezielen auch Rückschlüsse ziehen auf das im Supervisionsprozess erwünschte Tempo und Ergebnis. Sie könnte diese Hypothesen wiederum in zirkuläre Fragen umsetzen und für die weitere Auftragsklärung nutzen. Möglicherweise könnte die Reisemetapher der SupervisorIn auch dabei helfen, ihre eigene Rolle in Abgrenzung zu der eines „Reisebüros" oder einer „Reisebegleitung" zu klären.

Wie funktionieren Metaphern? Sie nutzen Analogien und können im Supervisionsgeschehen die Aufmerksamkeit in eine neue Welt der Kreativität und Emotionalität lenken, die durch den rationalen Zugang allein verschlossen bliebe. Sie ermöglichen erstaunliche Assoziationen, erlauben allerdings auch überraschende Dissoziationen, die ihrerseits unvermutete humorvolle Aspekte ins Spiel bringen.

Metaphern können dabei helfen, räumliche und zeitliche Grenzen zu überwinden und die eigene Aufmerksamkeit auf den Schatz der Erfahrungen zu lenken, die bereits in anderen Kontexten gemacht wurden. Sie verbinden häufig Sinnhaftigkeit und Sinnlichkeit und sprechen verschiedene Sinne an. Je nach Vorliebe der SupervisandIn können Metaphern eingesetzt werden, welche die jeweiligen bevorzugten Sinneserfahrungen unterstützen und weiterentwickeln können.

Für die Beschreibung des Supervisionsgeschehens können je nach institutionellem Kontext, SupervisandInnenprofil und Auftragslage und je nachdem, ob SupervisandIn oder SupervisorIn als AkteurInnen im Mittelpunkt der Betrachtung stehen, völlig verschiedene Metaphern aus gänzlich unterschiedlichen Bereichen passen. Wird eher Hilfestellung erwartet, sind u. U. die folgenden Metaphern angesagt: Reflexionshilfe, Entdeckung der eigenen Möglichkeiten, Hilfe zur

Selbsthilfe, Kompetenzentwicklung, Selbstfürsorge etc. Sind eher visuelle Aspekte im Sinne von Veränderung der Anschauung gemeint, treten möglicherweise folgende Metaphern in den Vordergrund: Einladung zur Neugier, Horizonterweiterung, Orientierungshilfe, Perspektivenwechsel etc. Steht eher der Ort des Supervisionsgeschehens als Lösungsraum im Mittelpunkt, können eventuell folgende Metaphern passen: Abenteuerspielplatz, Geburtszimmer, Ideenbörse, Kreativitätswerkstatt, Leuchtturm, Ressourcenquelle, Tankstelle, Visionsbazar etc. Ist eher die Vorstellung von Bewegung gefragt, eignen sich vielleicht die Metaphern: Handlungsspielraum, Reisebegleitung, Spiel, Tanz der Möglichkeiten, Überlebenstraining, Gemeinsame Wanderung, Zielfindung etc. (Ebbecke-Nohlen 2003).

Wofür sind Metaphern hilfreich? Sie können im Supervisionsprozess dabei helfen, sowohl von der Problemausgangslage zu abstrahieren als auch im nächsten Schritt die Lösung zu konkretisieren. Sie können Anregungen für neue Sichtweisen und Handlungsmöglichkeiten bieten, für diese als Rahmen dienen und gleichzeitig Handlungsanleitungen enthalten. Sie können somit sowohl für die Erzeugung von Komplexität genutzt werden als auch für ihre Reduktion. Die Metapher des Spiels soll in der Folge exemplarisch herausgegriffen und vertieft werden.

Die Spielmetapher

Was heißt eigentlich spielen? Viele mögliche Antworten sind denkbar: sich mit etwas beschäftigen um der Zerstreuung oder der Anregung willen; sich zusammen mit anderen die Zeit vertreiben; sich bewegen; sich im Wettkampf mit jemandem messen; nicht wirklich miteinander kämpfen, so tun, als ob; sich Spielregeln unterwerfen und Ziele im Auge haben; sportliche Ambitionen verwirklichen; Witz und Geistesgegenwart erproben; Geschicklichkeit oder Schnelligkeit beweisen; experimentieren mit dem Zufall; das Glück zwingen oder Pech haben; gewinnen oder verlieren; Spannung oder Entspannung erzeugen; Spaß und Vergnügen haben (Ebbecke-Nohlen 1994).

Neben dieser Kette freier Assoziationen gibt es weitere Möglichkeiten, das zu benennen, was Spiel sein kann. Die mathematisch fundierte Spieltheorie nutzt den Begriff des Spiels, um zwischenmenschliche Verhaltensabläufe zu beschreiben und als regelgeleitete und zielgerichtete Interaktionsprozesse zu erfassen. Aus spieltheoretischer Sicht ist Spiel eine zeitlich begrenzte Mischung aus den Elementen Zufall und Regel. Der Mensch wird hier als Teilnehmer an einem großen Spiel gesehen, dessen Ausgang für ihn offen ist (Eigen u. Winkler 1975). Nutzt die SupervisorIn das spieltheoretische Verständnis von Spiel, kann sie im Supervisionsprozess leichter den Zugang zur Thematisierung von Spielzielen und Spielregeln bekommen.

Eine andere Sicht des Spiels eröffnet die Hermeneutik, die betont, dass das Spiel, das gespielt wird oder sich abspielt, im Mittelpunkt der Betrachtung steht und nicht der Akteur. Der Mitspieler antwortet stets auf die Anforderungen des Spiels (Gadamer 1990). Diese Sicht der Dinge kann die SupervisorIn ebenfalls im Supervisionsprozess nutzen. Sie entlastet die SupervisandInnen insofern, als sie sie einlädt, z. B. im Kontext einer Teamsupervision über problematische Strukturen oder Interaktionen zu sprechen, ohne in persönliche Vorwürfe zu verfallen. Das Gespräch über Spiele und Spielregeln führt daher ähnlich wie das Gespräch über Strukturen und Funktionen weg von der im Teamkontext oft unfruchtbaren Personenzentrierung. Es wirkt damit weniger verletzend und birgt zudem den Zugang zu humorvollen Weisen der Betrachtung.

Auf die Frage, welches Spiel in ihren Institutionen mit Vorliebe gespielt wird, fallen die Antworten der Beteiligten in der Regel sehr kreativ aus und erfassen fast die ganze Bandbreite der bekannten Gesellschaftsspiele: Blindekuh, Brennball/Schlagball, Boule, Domino, Das verrückte Labyrinth, Europareise, Hase und Igel, Malefiz, Memory, Mensch ärgere dich nicht, Mogeln, Monopoly, Pingpong, Poker, Schafkopf, Schach, Schwarzer Peter, Siedler, Skat, Therapie, Völkerball usw. Die Spiele als solche verraten in der Regel noch nicht in der Gänze, welche Interaktionen im Team gemeint sind. Will man die Metapher weiter nutzen, ist es sinnvoll, dass die SupervisorIn nach der konkreten Bedeutung fragt, welche die genannten Spiele für die MitspielerInnen haben und welche konkreten Spielregeln in einem Team mit ihnen verbunden werden.

Im systemischen Verständnis wird, entgegen der oben zitierten hermeneutischen Sicht, sehr wohl davon ausgegangen, dass Menschen, in diesem Falle Mitglieder eines Teams, die Option haben zu entschei den, welches Spiel sie spielen, und auch, welchen Spielregeln sie sich unterwerfen wollen. So kann im Supervisionsprozess die Aufmerksamkeit in der Folge auch wieder auf Haltung und Handlungsmöglichkeiten der SupervisandInnen gerichtet werden. Gemeinsamkeiten und Unterschiede eines Teams können entdeckt und Faktoren eines konstruktiven Zusammenspiels herausgearbeitet werden.

Supervisionsbeispiel: Metaphern in einer Teamsupervision

Im Folgenden wird anhand einer Teamsupervision mit dem Team einer psychosozialen Beratungsstelle unter freier Trägerschaft in groben Zügen aufgezeigt, wie mit Hilfe der Methode der Metaphern ein Supervisionsanliegen so bearbeitet werden kann, dass die SupervisandInnen zu einer für sie befriedigenden Lösung kommen können.

Das Team besteht aus vier Psychologen und einer Sozialarbeiterin, welche die einzige Frau im Team ist. Das Team, das schon über 15 Jahre zusammen arbeitet, ist sehr erfahren, sowohl die eigene Arbeit betreffend als auch das, was Supervision angeht. Da alle Teammitglieder eine etwa gleich lange berufliche Erfahrung haben und Gleichrangigkeit als Wertvorstellung teilen, haben sie mit Zustimmung des Trägers schon vor Jahren ein rotierendes Leitungssystem eingeführt: Jedes Teammitglied übernimmt für ein Jahr die Leitung der Beratungsstelle. Für die in sechswöchigen Abständen stattfindende Supervision, aus der im Folgenden eine Sitzung beschrieben wird, ist der Auftrag ausgehandelt, je nach Bedarf Team- oder Fallfragen zu besprechen. In der hier geschilderten Supervisionssitzung berichtet der Teamkollege, der zurzeit die Leitungsfunktion innehat, voller Ärger, dass er die letzte Teambesprechung „einfach lächerlich“ gefunden habe. Es sei in dieser Besprechung um die Kundenfreundlichkeit des Teams gegangen. Nachdem in der Supervision schnell geklärt werden kann, dass diese letzte Teamsitzung zum Supervisionsthema gemacht werden soll, beginnt die Supervisorin, mit folgenden Fragen den Auftrag zu klären: „Welche Fragen beschäftigen Sie im Hinblick auf die angesprochene Teambesprechung?“ „Was wollen Sie mit Hilfe der Supervision herausfinden?“ „Und was müsste in der Supervisionssitzung besprochen werden, damit Sie für sich einen Schritt weiterkommen?"

Der Kollege, der das Thema eingebracht hat, möchte weniger über die Inhalte der Sitzung sprechen als über die Beziehungsebene, ohne dass er jedoch einen Vorschlag hätte, wie das gehen könne. Er frage sich, wie es das Team immer wieder hinbekomme, „so ein Theater" zu veranstalten. Er fühle sich von seinen Kollegen nicht wertgeschätzt. Ein anderer Teamkollege formuliert die Frage, wie es das Team unentwegt schaffe, Konflikte unter den Teppich zu kehren. Die Kollegin verweist ihrerseits darauf, dass sie die Teamsitzung als konstruktiv erlebt habe. Ein anderen Kollege bringt dagegen den Gedanken ein, es gehe aus seiner Sicht in den Teambesprechungen darum, wer es als Erster schaffe zu sagen, dass er von dem jeweiligen Thema genug habe. Derjenige, der dies schaffe, hätte letztlich das Spiel gewonnen. Zwischen den Teammitgliedern entwickelt sich in der Folge eine Diskussion darüber, was überhaupt in der Teambesprechung abgelaufen sei.

Die Supervisorin unterbricht wertschätzend die Debatte, die recht persönlich und vorwurfsvoll geführt wird, und lädt dazu ein, den Fokus zu wechseln. Sie greift die Spielmetapher auf und schlägt vor, Hypothesen darüber zu bilden, welches die Spielregeln der wöchentlich stattfindenden Teambesprechung seien und welches Spiel vom Team in diesen Besprechungen gespielt werde. In der Folge könne das Team dann prüfen, welches Spiel es in Zukunft lieber spielen wolle und welche Spielregeln dazugehörten. Die Teammitglieder greifen den Vorschlag auf, die Spielmetapher zu nutzen, und tauschen in der Folge ihre Ideen aus. Dabei werden sehr unterschiedliche Hypothesen über potenzielle Spiele und Spielregeln formuliert. Ein Teamkollege meint, die Teammitglieder hätten verschiedene Vorstellungen von erfolgreicher Arbeit der Beratungsstelle und seien sich nicht über die anzustrebenden Ziele ihrer Tätigkeit einig. Die wichtigste Spielregel aber sei bei ihnen: „Entscheidungen werden bei uns nur im Konsens getroffen." Auf diese Weise würden jedoch keine Entscheidungen fallen. Das Spiel sei möglicherweise „Malefiz". Sie würden sich immer blockieren und kurz vor dem Ziel rauswerfen. Ein anderer Kollege stimmt damit überein und fügt hinzu, im Team gebe es keine einheitliche Meinung darüber, was in der jeweiligen Teambesprechung auf der Tagesordnung stehen solle, z. B. ob die in der Supervision nicht anwesende Sekretärin mit ihrer unzureichenden Kundenorientierung konfrontiert werden solle oder nicht bzw. wer dies tun solle. Die Teamkollegin ihrerseits äußert den Eindruck, dass keiner der Kollegen den Schwarzen Peter haben und mit der Sekretärin deutliche Worte wechseln wolle. Aus ihrer Sicht würde die Spielregel gelten: „Wir sind alle nett zueinander." Und: „Kritik wird allenfalls hinter dem Rücken der anderen geäußert." Das Spiel sei eher wie Karussellfahren.

Die Supervisorin fragt an dieser Stelle nach, wofür denn die genannten Spielregeln gut seien und was mit ihrer Hilfe erreicht und was vermieden werde. Der leitende Kollege betont, dass es dem Team immer wichtig gewesen sei, sich selbst zu organisieren. Daraus folge auch, dass alle gleichbehandelt würden. Das sei einerseits gut und entspreche ihrer Tradition, aber andererseits hindere es ihn und das Team daran, Veränderungen vorzunehmen und Entscheidungen zu treffen. Ein anderer Teamkollege betont, dass das Team möglicherweise vermeide, dass ein Teammitglied mehr Entscheidungsbefugnis habe als die anderen. Vielleicht sei das auch ein typisches Männerspiel, jeder wolle der Wichtigste sein, und deshalb dürfe es keinen Platzhirsch geben. Sie würden einen Leiter, der leitet, einfach nicht ertragen. Die anderen Teammitglieder lachen daraufhin. Ein Teamkollege meint schmunzelnd, dass es so schlimm um ihr Team auch nicht stehe und sie doch ganz anständige Arbeit machen würden.

Am Ende der Supervision fasst die Supervisorin noch einmal wertschätzend den Supervisionsverlauf sowie die durch die Spielmetapher hervorgebrachten Ideen zusammen und schlägt dem Team ein Experiment vor. Sie lädt die Teammitglieder mit diesen Worten ein, bis zur nächsten Supervisionssitzung folgendes Spiel auszuprobieren: „Lassen Sie die nächste Teambesprechung wie immer beginnen. Nehmen Sie sich am Ende der Besprechung allerdings zehn Minuten Zeit, um darüber abzustimmen, wer das Spiel gewonnen hat. Hierbei ist es durchaus erwünscht, dass die Teammitglieder an jeweils andere Spiele denken und damit je unterschiedliche Spielregeln als Kriterien für die Wahl des Siegers im

Kopf haben. Es muss kein Konsens erzielt werden. Es kommt nur darauf an, sich gegenseitig ein Feedback zu geben, wer das Spiel gewonnen hat, und dies kurz zu begründen. Setzen Sie dieses Experiment bis zur nächsten Supervisionssitzung in sechs Wochen mindestens dreimal um. In der nächsten Supervisionssitzung können Sie Ihre Erfahrungen mit diesem Spiel austauschen und darüber abstimmen, wie es weitergehen soll."

11. Skulpturen in der systemischen Supervision

In der systemischen Supervision ist die Arbeit mit Skulpturen eine häufig angewandte Methode, die wegen ihres Erlebnischarakters für die an einer Supervision Beteiligten sehr attraktiv ist. Sie steht in hohem Maße für die systemische Maxime der Neugier, denn es ist noch mehr als in den anderen bereits dargestellten Methoden sowohl im Vorhinein als auch noch während des Prozesses ganz offen, welches das Ergebnis sein wird. Zu dieser Lösungsoffenheit kommt die feste Annahme hinzu, dass Lösungen in der Regel nicht nur abstrakt kognitiv, sondern auch durch gefühlsmäßiges Erleben und konkretes Probehandeln gefunden werden.

Unter Skulpturarbeit verstehen wir die im Rahmen eines Supervisionsprozesses stattfindende figürliche und räumliche Darstellung des inneren Bildes einer SupervisandIn. Es wird angenommen, dass in der Skulptur die Problemsicht und die Fragestellung der SupervisandIn zum Ausdruck gelangen, ohne dass sie viele Worte verlieren muss. Verschiedene Elemente können in einer solchen Skulptur enthalten sein: Personen, Dinge, Institutionen, Probleme, Symptome, Ressourcen etc. Die Skulpturarbeit ist eine Methode, die vor allem in der Gruppensupervision Anwendung findet. TeilnehmerInnen der Gruppe übernehmen in der Skulptur stellvertretend die Rollen der jeweiligen Personen oder der anderen Aspekte, etwa der Beziehungsstrukturen, die dargestellt werden sollen. Diese StellvertreterInnen werden von der SupervisandIn ausgewählt, im Raum positioniert und zueinander in Beziehung gestellt. Aus dieser Konstellation stellvertretender Personen erhofft man sich, Aufschluss darüber zu bekommen, wie die zu Grunde liegenden Probleme entstanden sind bzw. wie sie aufrechterhalten werden. Die Skulpturarbeit ermöglicht jedoch nicht nur die Diagnostik des Status quo, sondern sie fördert auch seine Weiterentwicklung in Richtung neuer Lösungen. D. h., eine Skulptur enthält immer auch die Ressourcen, die für eine Lösungsfindung nötig sind. In den verschiedenen Phasen des Skulpturierens entsteht sowohl durch das Stellen der SupervisandIn als auch durch die autopoietische Weiterveränderung der Skulptur selbst Bewegung, die Neues ermöglicht.

Was geschieht nun aber während des Prozesses der Arbeit mit Skulpturen? Die inneren Bilder der SupervisandInnen können externalisiert und ihre Annahmen über die Wirklichkeit visualisiert werden. Das Anschaulich- und Begreifbarmachen dieser Vorstellungen sowie das dadurch ermöglichte Probehandeln während des Supervisionsprozesses bewirken einen mehrfachen Perspektivenwechsel und eröffnen neue Handlungsmöglichkeiten.

Durch die Arbeit mit Skulpturen kann Komplexität sowohl erhöht als auch reduziert werden. Höhere Komplexität entsteht dadurch, dass neben den verbalen Informationen, von denen sich Supervision in der Regel überwiegend ernährt, auch erlebte Körpererfahrungen der Beteiligten und Veranschaulichungen von Beziehungsaspekten in den Fokus rücken. Reduktion von Komplexität erfolgt dadurch, dass sich nach dem Ausprobieren verschiedener Bewegungs- und Positionsoptionen bestimmte Lösungen als passender und stimmiger erweisen und sich somit als nächste Schritte abzeichnen und plausibler werden. Durch die Verwendung von Skulpturen wird in der Supervision somit bei allen Beteiligten Energie freigesetzt und Bewegung ermöglicht.

Die Arbeit mit Skulpturen verweist auf verschiedene handlungsorientierte Traditionen. Dass Handeln heilender sein kann als Reden und dass durch Bewegung Kreativität und Spontaneität gefördert und auf diese Weise Träume, Wünsche und Perspektiven weiterentwickelt werden können, wird auch im psychodramatischen Ansatz von Moreno und Petzold (1981) vertreten. Eine andere Tradition der Skulpturarbeit geht auf den familientherapeutischen Ansatz von Virginia Satir et al. (1995) zurück. Dieser Ansatz geht von der Annahme aus, dass über die Empfindungen des Körpers unbewusste Informationen über die Geschichte von Personen und Familien zugänglich werden. Mit Hilfe von Skulpturen können Beziehungsstrukturen in Familien, Gruppen und Teams sowie entsprechende Rollenverteilungen sichtbar werden. Auch die Aufstellungsarbeit Bert Hellingers operiert mit Elementen der Positionierung im Raum und mit Probehandeln. Die Prämissen des hellingerschen Ansatzes sind jedoch nicht systemisch, sie gehen auf normative Vorstellungen zurück und geben „richtige“

Lösungen vor, statt sie von den SupervisandInnen selbst erarbeiten zu lassen. Eine ausführliche Auseinandersetzung mit Hellinger würde den Rahmen dieser Einführung sprengen. Eine komprimierte Gegenüberstellung beider Ansätze aus Sicht der Autorin findet sich in Schweitzer und Ochs (2003).

Im Folgenden werden die einzelnen Schritte der systemischen Skulpturarbeit zusammengefasst: Wie schon in den weiter oben dargestellten Supervisionsmethoden, rahmen auch bei dieser Methode Frage und Auftrag der SupervisandIn den Supervisionsprozess. Die SupervisorIn lädt zu Beginn der Supervision die SupervisandIn dazu ein, eine Frage zu formulieren, in der sie selbst als AkteurIn vorkommt. Nachdem die SupervisandIn ihre Supervisionsfrage artikuliert hat, wird sie zur AkteurIn. Sie wählt zunächst eine StellvertreterIn für sich und sucht im Anschluss auch für die anderen zum System gehörenden Personen oder Aspekte StellvertreterInnen aus. Ohne viele Worte stellt sie in einer ersten Skulptur diese Personen in Bezug auf Abstand und Fokus so zueinander, dass die entstehende Konstellation ihrem inneren Bild des Status quo entspricht. Es ist nicht nötig, dass die SupervisandIn schon vor der Skulpturarbeit weiß, welches Bild sie darstellen will, die Skulptur entsteht, wie auch sonst in der Kunst weitverbreitet, beim Tun. Nach getaner Arbeit sucht sich die SupervisandIn einen Platz, von dem aus sie einen guten Überblick über ihr Gesamtkunstwerk hat. Schon während des Suchprozesses und dann auch beim Stellen selbst wechselt die SupervisandIn von der Innenperspektive in die Außenperspektive, von der aus sie das weitere Geschehen in aller Ruhe betrachten kann.

In der Folge wird die SupervisorIn aktiv und befragt die in der Skulptur stehenden Personen nach ihrem Befinden. Diese erforschen nun ihre Körpergefühle und nutzen dafür ihren gesamten Organismus als Informationsquelle. Sie benennen zunächst das dominante Gefühl in ihrer jeweiligen Position. Dieses dominante Körpergefühl kann, muss aber nicht extrem sein und kann auch unter Umständen unangenehm werden. Unmittelbar danach beschreiben die in der Skulptur stehenden Personen die Vor- und Nachteile ihrer jeweiligen Position. An dieser Stelle wird oft deutlich, dass auch eine als problematisch empfundene Ausgangssituation in der Regel einen Lösungsversuch darstellt, der allerdings sowohl Vorteile als auch Nachteile in sich birgt. Die unterschiedlichen Wirklichkeiten der verschiedenen Personen im Status quo werden nach und nach sichtbar und begreifbar.

Nachdem alle in der Skulptur stehenden Personen ihre Eindrücke mitgeteilt haben, lädt die SupervisorIn die StellvertreterIn der SupervisandIn dazu ein, sich in Bewegung zu setzen und eine neue Position zu suchen, die das Kriterium erfüllt, dass sie sich dort besser fühlt. Diese neue Position lässt eine zweite Skulptur entstehen und verweist gleichzeitig auf eine zweite Lösungsoption. Die Unterschiede, welche die zweite Position der StellvertreterIn der SupervisandIn macht, werden von allen Beteiligten in der gleichen Weise wie in der ersten Skulptur beschrieben. Auch hier wird zunächst das dominante Gefühl geschildert, und im Anschluss daran werden die Vor- und Nachteile der neuen Konstellation benannt. Was für die eine Person eine Verbesserung bedeuten kann, beinhaltet für die andere Person möglicherweise eine Verschlechterung.

Als Übergang zur dritten Skulptur fordert die SupervisorIn die anderen in der Skulptur stehenden Personen auf, parallel zueinander und in Selbstorganisation eine kleine Veränderung ihrer jeweiligen Position vorzunehmen, die ebenfalls das Kriterium erfüllen soll, dass sie sich dort etwas besser fühlen. Die Unterschiede, welche die neuen Positionen (in der dritten Skulptur) machen, werden danach von allen Beteiligten wiederum auf die gleiche Art und Weise wie vorher beschrieben. Die StellvertreterIn der SupervisandIn nimmt gegebenenfalls eine kleine Feinjustierung vor, so dass auch für sie das Kriterium der relativen Verbesserung erfüllt ist. Es geht an dieser Stelle nicht um das Finden einer idealen Lösung, sondern um gangbare nächste Schritte und eine Entlastung der Beteiligten.

Nun kommt wieder die SupervisandIn ins Spiel. Sie wird von der SupervisorIn gefragt, ob sie aus ihrer Außenperspektive in die Innenperspektive wechseln und das Geschehen nochmals selbst nachvollziehen will. Wenn sie dies wünscht, wird sie erneut zur AkteurIn. Alle die zur Skulptur gehörenden Personen begeben sich nochmals in die Ausgangsposition, d. h. in das erste Bild der Skulptur. Die SupervisandIn übernimmt von ihrer StellvertreterIn ihre eigene Position in der Skulptur. Sie hält dort einige Minuten inne und konzentriert sich auf ihre Körpergefühle. Dann setzt sie sich langsam in Bewegung und durchläuft fast wie in Zeitlupe den gesamten Veränderungsprozess vom ersten bis zum letzten Bild der Skulptur. Sie prüft am Ende, ob die gefundene Lösungsoption für sie stimmt und nimmt gegebenenfalls noch eine Feinjustierung vor. An dieser Stelle beendet die SupervisorIn die Skulpturarbeit und lädt alle Beteiligten ein, sich wieder zu setzen. Nun kann die gesamte Gruppe noch Hypothesen über das eben Gesehene und Erlebte äußern, und schließlich fasst am Ende die SupervisandIn zusammen, was sie aus der Skulpturarbeit für ihre Supervisionsfrage mitnimmt.

Im Folgenden werden in Bezug auf die eben geschilderten einzelnen methodischen Schritte die Prämissen der Skulpturarbeit zusammengefasst, und es wird das besonders herausgehoben, was die Skulpturmethode als systemisch auszeichnet. Im gesamten Supervisionsprozess werden die Fähigkeiten und Ressourcen der Beteiligten in den Vordergrund gestellt. Der Status quo, der in der ersten Skulptur seine Darstellung findet, gilt bereits als Lösungsversuch. Auch das dominante Körpergefühl wird als Ressource betrachtet, da es wertvolle Information für anstehende Veränderungen enthält. Die in den Vor- und Nachteilen sichtbaren Ambivalenzen einer Position werden ebenfalls als richtungweisend für die bevorstehende Veränderung angesehen. Neue Lösungen werden durch eigenverantwortliche Bewegungen innerhalb der Skulptur generiert und nicht von außen durch die SupervisorIn fremdbestimmt. Auch die weiteren Veränderungen erwachsen aus der Autopoiese der Skulptur. Die Übernahme von Veränderungsverantwortung durch die Beteiligten ist das Ziel – und nicht das Nachvollziehen von Anweisungen, die von außen vorgegeben sind. Die durch die Selbstorganisation gefundenen Lösungswege müssen zudem nicht einem Idealbild, wie auch immer das aussehen mag, entsprechen; vielmehr steht ihre Viabilität, d. h. ihre Gangbarkeit, im Vordergrund. Die SupervisorIn übernimmt während des Supervisionsprozesses die Rolle der ModeratorIn und hält sich inhaltlich zurück. Allenfalls stellt sie Fragen, um die Erfahrungen der in der Skulptur stehenden StellvertreterInnen deutlicher werden zu lassen. Insgesamt sind für die Methode der systemischen Skulpturarbeit Ressourcenorientierung, Lösungsfokussierung und Stärkung der Eigenverantwortlichkeit als Prozessvariablen kennzeichnend; sie unterstützen das Ziel, die Wahlmöglichkeiten der SupervisandIn zu erweitern und ihr zeitgleich die Konkretisierung potenzieller nächster Schritte zu ermöglichen.

Supervisionsbeispiel: Skulpturen in einer Gruppensupervision

Im Folgenden wird die Arbeit mit Skulpturen im Rahmen einer Gruppensupervision dargestellt. In Kurzfassung wird gezeigt, wie mit Hilfe der Methode der Skulpturen ein persönliches Supervisionsanliegen so bearbeitet wird, dass die SupervisandIn zu einer für sie unerwarteten und befriedigenden Lösung kommen kann.

Die Supervisandin, die kurz vor ihrer Facharztpüfung steht, erzählt von ihren schlaflosen Nächten und der Unmöglichkeit, sich auf ihre dringend notwendigen Prüfungsvorbereitungen zu konzentrieren. Je näher die anstehende Prüfung rücke, umso schlimmer werde es. Auf die Frage der Supervisorin, was sie denn mit Hilfe der Supervision herausfinden wolle, antwortet sie, dass sie wissen wolle, was sie tun könne, um nicht mehr solche Prüfungsangst zu haben. Die Formulierung „nicht mehr" veranlasst die Supervisorin zu einem kleinen Exkurs. Sie weist darauf hin, dass Wünsche oder Ziele, die in der Formulierung „nicht mehr" verpackt sind, häufig die Auswirkung haben, dass sie nicht wirklich das Ersehnte erreichen helfen, sondern eher zum Gegenteil beitragen. Der Zusatz „nicht mehr" beinhaltet den unter dem Zitat „Denke nicht an blau!" bekannten Effekt, dass, je intensiver die Bemühung dahin geht, nicht an Blau zu denken, Blau sich einprägt, bis am Ende alles eine blaue Tönung annimmt. Die Supervisorin lädt daher die Supervisandin zu einer zweiten Frage mit positiver Zielformulierung ein, die diese mit einem Schmunzeln folgendermaßen artikuliert: „Wie kann ich meine Prüfung genießen?" Diese Frage nur auf rein kognitiver Ebene beantworten zu wollen wäre vermutlich zum Scheitern verurteilt.

So schlägt die Supervisorin eine Skulptur vor, um mit Hilfe dieser kreativen Methode nicht nur die ja vermutlich bereits geklärte Frage zu beantworten, wie die Supervisandin in den Genuss einer Prüfung kommen, sondern vor allem, wie sie diese auch tatsächlich genießen kann. Die Supervisandin greift den Vorschlag auf und überlegt zusammen mit der Supervisorin, welche Aspekte ihrer Frage in der folgenden Skulptur visualisiert und gestellt werden sollen. Die „Prüfung", die „Angst" und der „Genuss" stehen als Elemente relativ schnell fest. An dieser Stelle fragt die Supervisorin nach dem höheren „Ziel", das hinter der Prüfung steht. Die Supervisandin nennt hier Aspekte wie den Abschluss ihrer Ausbildung und die Qualifizierung für eine neue Stelle, die aus der Distanz zwar offensichtlich sind, vor ihrer Benennung jedoch außerhalb des direkten Blickfelds der Supervisandin lagen. So fragt die Supervisorin die Supervisandin, ob es aus ihrer Sicht auch Sinn ergebe, dieses höhere Ziel zu stellen. Die Supervisandin bejaht dies. Nun macht die Supervisorin noch darauf aufmerksam, dass im zu stellenden Bild nicht zuletzt auch eine StellvertreterIn für die Supervisandin enthalten sein müsse, da dieser ja eine besondere Rolle zukomme. Diese StellvertreterIn werde ja für die SupervisandIn aktiv, indem sie Eindrücke sammeln sowie Lösungen finden werde.

Nun lädt die Supervisorin die Supervisandin dazu ein, StellvertreterInnen für die erwähnten Aspekte und für ihre eigene Person in der Gruppe auszusuchen und dabei mit der StellvetreterIn für sie selbst zu beginnen, da am Anfang die Auswahlmöglichkeit noch am größten sei. Für „Angst" und „Ziel" wählt die Supervisandin weibliche GruppenteilnehmerInnen, für „Prüfung" und „Genuss" männliche. Im ersten Bild, das den Status quo offenbart, stellt die Supervisandin ihre Stellvertreterin dicht vor die „Prüfung" und die „Angst". „Genuss" und „Ziel" stehen fast verdeckt im Hintergrund (siehe Skulptur 1).

Die Supervisorin nimmt ihre Moderatorinnenrolle wahr und fragt die in der Skulptur stehenden Personen zu ihrem dominanten Gefühl und den Vor- und Nachteilen ihrer Positionen im Raum. Die Stellvertreterin der Supervisandin beschreibt ihre Situation als sehr unangenehm. Sie sehe zwei Kolosse vor sich, sie könne die „Prüfung" besser sehen als die „Angst", die „Angst" sei jedoch stärker zu spüren. Sie spüre ihr Herz im Hals klopfen und wolle unbedingt weg. Die anderen Elemente seien für sie verdeckt und nicht sichtbar im Hintergrund. Vorteile ihrer Position, die sie allerdings erst auf Nachfragen der Supervisorin benennt,

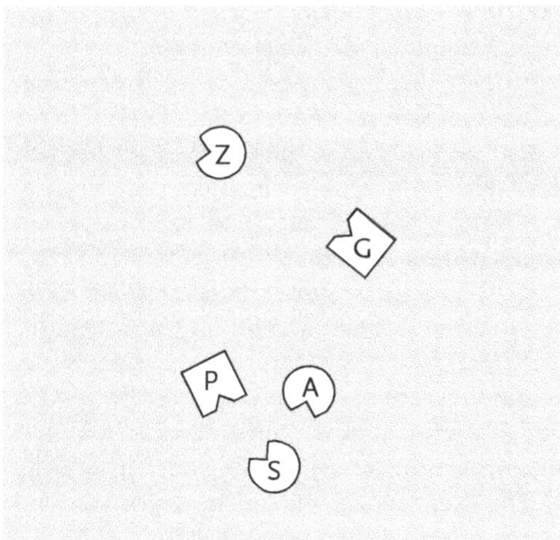

Skulptur 1: Status quo

lägen darin, dass sie nicht allein sei, dass sie die „Prüfung“ sehr gut erkennen könne und dass diese ihr ganz sympathisch sei.

Auch die weiteren in der Skulptur stehenden TeilnehmerInnen äußern in der Folge ihre dominanten Gefühle und die mit ihrer Position jeweils verbundenen Vor- und Nachteile. Die „Prüfung“ berichtet, dass sie sich sehr stark und mächtig fühle, dass sie die Stellvertreterin gut sehen könne, die Anwesenheit der „Angst“ könne sie spüren, das sei jedoch nicht unangenehm, die „Angst“ stärke sie eher. Leider könne sie die Personen hinter ihr nicht erkennen und daher auch nicht wissen, was da vor sich gehe. Die „Angst“ schildert, dass sie sich auf ihrem Platz wohlfühle. Sie habe die Stellvertreterin gut im Blick, und zusammen mit der „Prüfung“ bilde sie ein starkes Team. Die Personen hinter ihr seien ihr nicht wichtig. Das „Ziel“ sagt, es fühle sich nicht schlecht an seinem Platz, könne aus dem Fenster hinaus in die Welt schauen, wisse aber nicht, warum es da stehe. Der „Genuss“, der zu dem „Ziel“ schaut, bemerkt, dass er sich etwas frustriert fühle, da er von dem „Ziel“, auf das er schaue, nicht beachtet werde. Er äußert, dass er gern mehr Kontakt zu den anderen hätte.

Im nächsten Schritt lädt die Supervisorin die Stellvertreterin der Supervisandin dazu ein, sich zu bewegen und einen Ort für sich zu suchen, an dem sie sich besser fühlt und besser für sich sorgen kann. Die Stellvertreterin probiert mehrere neue Positionen aus und stellt sich dann mit deutlicher Bestimmtheit an einen neuen Ort. Diese neue Position steht ihrem Ausgangsort in etwa gegenüber. Durch den Wechsel des Standorts geraten der „Genuss“ und das „Ziel“ in ihren Blick, und „Prüfung“ und „Angst“ entschwinden aus dem Blickfeld. Angesichts dieses zweiten Bildes startet die Supervisorin eine erneute Fragerunde mit folgenden Worten: „Diese neue Position markiert einen deutlichen Unterschied. Welchen Unterschied macht sie für die anderen? Welche neuen dominanten Gefühle entstehen, und welche neuen Vor- und Nachteile sind mit diesem zweiten Bild verbunden?“

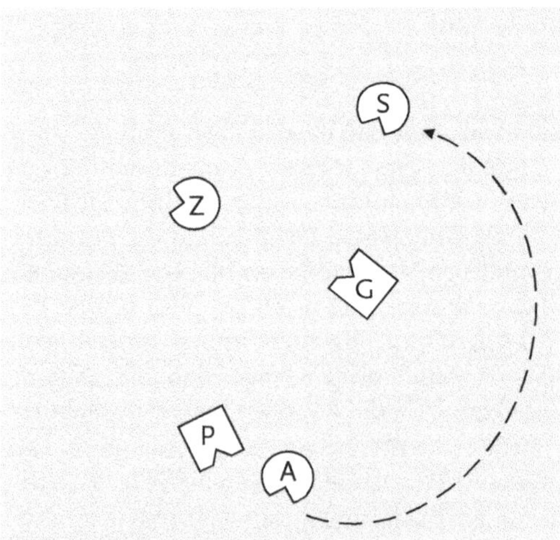

Skulptur 2: Erste Veränderung

Der „Genuss“ und das „Ziel“ fühlen sich besser und werden neugierig auf die Stellvertreterin der Supervisandin. Die „Prüfung“ und die „Angst“ fühlen sich ihrer Aufgabe beraubt, dabei aber nicht schlecht, sondern eher entlastet. Auch sie werden neugierig darauf, was in ihrem Rücken vor sich geht. Die Stellvertreterin schildert, dass das unangenehme Gefühl und das starke Herzklopfen verschwunden seien. Es gehe ihr gut. Den »Genuss« so in ihrer Nähe zu haben, tue ihr gut, aber dass sie nicht genau sehen könne, wohin das „Ziel“ schaue, störe sie.

Die Supervisorin lädt zu einer dritten Runde ein und fordert die weiteren in der Skulptur stehenden Elemente auf, eine kleine Veränderung vorzunehmen mit dem Ziel einer Verbesserung ihrer Position. Diese Verbesserung könne klein sein, aber sie solle als Kriterium vorausgesetzt und erfüllt sein. Das „Ziel“ und der „Genuss“ behalten etwa ihren Standort, wenden sich jedoch der Stellvertreterin zu. Dieselbe Reaktion der leichten Drehung zeigen die „Prüfung“ und die „Angst“. Alle in der Skulptur stehenden Personen bestätigen, dass die nun gefundene Position zufriedenstellend sei.

Skulptur 3: Zweite Veränderung

An dieser Stelle lädt die Supervisorin die Supervisandin ein, die in der Skulptur vollzogene Bewegung des Systems aus der Innenperspektive nochmals nachzuvollziehen. Alle an der Skulptur beteiligten Personen gehen in die Ausgangsposition des ersten Bildes zurück, die Supervisandin stellt sich auf die Position ihrer Stellvertreterin. Schritt für Schritt vollzieht die Supervisandin die Schritte ihrer Stellvertreterin wie in Zeitlupe nach und erlebt dabei auch die Veränderungen der anderen Elemente. Sie empfindet das dritte Lösungsbild als absolut stimmig. Besonders wichtig ist ihr, dass sie nun das „Ziel“ sehen und den „Genuss“ fühlen kann. Deutlich verblüfft ist sie darüber, wie klein „Prüfung“ und „Angst“ aus ihrer neuen Perspektive geworden sind und dass sie deren „Kleinerwerden“ Schritt für Schritt durch ihre eigene Bewegung ausgelöst hat.

12. Ethik systemischer Supervision

Bereits in der Darstellung der theoretischen und metatheoretischen Wurzeln systemischer Supervision (Kapitel 3) wurden die ethischen Implikationen systemischen Denkens und Handelns angesprochen. Die aus diesen Wurzeln entwickelten Haltungen und Methoden zeigen darüber hinaus, dass sich eine Ethik systemischer Supervision vor allem als praktische Ethik versteht. Mit Ludwig Wittgenstein lässt sich sagen: „Es ist klar, dass sich die Ethik nicht aussprechen lässt" (Wittgenstein 1989, 6.421). Ethik liegt vielmehr in den Sätzen und den darin enthaltenen Aussagen selbst. Sie ist implizit. Konzepte wie Autopoiese, Selbstreferenz oder Pluralität erzeugen in der Kommunikation andere Wirklichkeiten mit anderen Implikationen als etwa Konzepte wie Macht, Kontrolle oder Wahrheit. Sprache versucht nicht nur, die Wirklichkeit abzubilden, Sprache *schafft* Wirklichkeit. Wir können in diesem Zusammenhang auch zwischen einer Ethik erster und einer Ethik zweiter Ordnung unterscheiden. Eine Ethik zweiter Ordnung bezieht keine Stellung gegenüber konkreten Wertfragen. Sie hat vielmehr die Funktion, die Pluralität von Wirklichkeitskonstruktionen zu sichern (Hejl 1995; Rusch u. Schmidt 1995).

In der systemischen Supervision handeln SupervisorIn und SupervisandInnen im Sinne einer *Ethik zweiter Ordnung*. Einerseits konstruieren sie im Laufe des Supervisionsgeschehens jeweils ihre eigenen Wirklichkeiten. Diese Wirklichkeiten sind unter Umständen sehr unterschiedlich und haben ihre eigenen ethischen Implikationen. Andererseits bringen SupervisorIn und SupervisandInnen eine gemeinsame Wirklichkeit hervor, indem sie ihre unterschiedlichen Wirklichkeitskonstruktionen strukturell miteinander koppeln, gemeinsam fragend transparent machen und miteinander reflektieren. Da sich Supervision häufig in größeren Systemen, wie z. B. Gruppen, Teams und Organisationen, abspielt, wird zusätzlich deutlich, dass in der Supervision eine Vielfalt oder eine Pluralität von Wirklichkeitskonstruktionen und Ethiken aufeinandertrifft und ein „Multiversum vieler Ethiken" entsteht (Krüll 1991).

Systemische Ethik zeigt sich jedoch nicht nur in der Gestaltung des Supervisionsprozesses, sie wird auch erkennbar im Umgang mit dem Thema Verantwortung. Verantwortung wird hier verstanden als „Wissen um die Konsequenzen des eigenen Tuns“ und zum anderen als „Handeln im Bewusstsein, diese zu wollen oder nicht“ (Maturana 1994). In der systemischen Supervision wird Verantwortung des Weiteren als ein relationales und dialogisches Geschehen begriffen. Die SupervisorIn übernimmt in ihrem Selbstverständnis Verantwortung dadurch, dass sie ihr Denken und Handeln reflektiert und kommuniziert. Sie steht ihrem Gegenüber bzw. sich selbst Rede und Antwort und ver-antwortet sich damit vor anderen und/oder vor sich selbst. Die Autonomie der SupervisandInnen bleibt auf Grund ihrer eigenen Verantwortlichkeit unangetastet; sie haben die Freiheit und Wahlmöglichkeit, sich anzuschließen oder sich abzugrenzen. Im systemischen Verantwortungsverständnis hat die im Konstruktivismus so wesentliche Annahme der Selbstorganisation folglich breiten Raum.

In der systemischen Supervision wird, wie weiter oben bereits ausgeführt wurde, unterschieden zwischen Verantwortung für den Prozess und Verantwortung für die inhaltlichen Lösungen. Was bedeutet dies? Wofür ist diese Unterscheidung sinnvoll? Und was heißt dies konkret für das Supervisionsgeschehen? Wenn SupervisandInnen als autonom im Sinne der Selbstorganisation angesehen werden, sind sie auch verantwortlich für ihr Tun und für die inhaltlichen Lösungen, die sie aus dem Supervisionsprozess mitnehmen. Die SupervisorInnen hingegen tragen durch ihre Professionalität und ihr Theorie- und Praxiswissen, durch ihre Fähigkeit zum Perspektivenwechsel und durch ihre wertschätzende Neugier dazu bei, den Rahmen zu erzeugen, in dem sich die SupervisandInnen optimal entfalten und ihr eigenes inhaltliches ExpertInnenwissen bestmöglich zur Geltung bringen können.

Die Unterscheidung zwischen Verantwortung für den Prozess und Verantwortung für die Inhalte ist für die systemische Supervision von großem praktischem Nutzen und als Grundlage für eine ethische Haltung in der Supervision sehr gut geeignet. Verantwortung wird mit dieser Unterscheidung von einer abstrakten Norm oder einer allgemeinen moralischen Kategorie zu einer konkreten Handlungsmaxime – dadurch, dass ihr Geltungsbereich eingeschränkt wird. Eine in diesem Sinne verantwortlich handelnde SupervisorIn ergreift in der Supervision keine Partei für inhaltliche Entscheidungen der SupervisandInnen, aber sie verpflichtet sich, den Supervisionsprozess mit allem ihr zur Verfügung stehenden professionellen Wissen, so gut es ihr möglich ist, zu gestalten.

Die Unterscheidung zwischen Verantwortung für den Prozess und Verantwortung für die Inhalte markiert zudem einen Unterschied gegenüber anderen Supervisionsausrichtungen, bei denen SupervisorInnen entsprechend ihrem Schulenwissen Lösungen entwickeln und anbieten und diese Lösungen auch häufig für richtig und besser halten als die bislang oder jeweils von ihren SupervisandInnen vorgestellten. Beachtenswerterweise ist eine solche Haltung des „Besserwissens" oder „Richtigwissens" manchmal auch bei SystemikerInnen zu finden, die dann anscheinend „wirklich" Bescheid darüber wissen, wie es systemisch „richtig" geht. Hier kommen der Expertise des Nichtwissens und der Allparteilichkeit als Handlungsmaxime erneut weitreichende Bedeutung zu.

Darauf zu verzichten, die „richtige" Lösung vorzuschlagen, muss allerdings für die SupervisorIn nicht bedeuten, sich in jeder Beziehung gegenüber Lösungsideen ganz abstinent zu verhalten. Im Gegenteil. Da eine wertfreie Kommunikation ja ohnehin nicht gegeben ist, hat es durchaus Sinn, eigene inhaltliche Vorstellungen bei Gelegenheit transparent zu machen, dann allerdings als Hypothesen und nicht als Gewissheiten, und sie den SupervisandInnen zur Verfügung zu stellen. Manchmal kommt es in der Supervision auch vor, dass eine SupervisandIn dezidiert wissen will, was ihr Gegenüber bzw. die SupervisorIn von einer bestimmten Situation hält und wie diese entscheiden würde, wenn sie an der Stelle der SupervisandIn wäre. Wenn die wichtigen zirkulären Fragen gestellt und hilfreiche Hypothesen bereits geäußert worden sind und wenn verschiedene Lösungsoptionen von der SupervisandIn bereits durchgespielt und in ihren Vor- und Nachteilen abgewogen wurden, kann es durchaus Sinn ergeben, als SupervisorIn auf diese Frage zu antworten. Und es ist gut vorstellbar, in etwa Folgendes zu sagen: „Nun haben wir uns ja gemeinsam die Situation aus verschiedenen Perspektiven angeschaut, und Sie haben mehrere Lösungsmöglichkeiten benannt und ihre Auswirkungen durchgespielt. Um Ihre Frage zu beantworten, könnte ich mir vorstellen, dass ich in dieser Situation Lösung Nr. 2 bevorzugen würde ... Nun bin ich aber nicht Sie, und ich habe auch die Konsequenzen dieser Entscheidung nicht zu tragen. Also kann ich Ihnen die Entscheidung leider nicht abnehmen. Was denken Sie, welche der Lösungen ist für Sie im Moment die attraktivste?“ Auf diese Art und Weise ist es möglich, sich sowohl mit einer eigenen Präferenz zu erkennen zu geben als auch die Lösungsneutralität zu behalten bzw. sie wiederzugewinnen.

Literatur

Andersen, T. (1990): Das Reflektierende Team. Dialoge und Dialoge über Dialoge. Dortmund (Modernes Lernen).

Baecker, D. (Hrsg.) (2005): Schlüsselwerke der Systemtheorie. Wiesbaden (VS – Verlag für Sozialwissenschaften).

Bateson, G. (1972): Ökologie des Geistes. Frankfurt am Main (Suhrkamp).

Belardi, N. (2005): Supervision. Grundlagen, Techniken, Perspektiven. München (Beck).

Bertalanffy, L. von (1968): General System Theory: Foundations, Development, Applications. New York (George Braziller).

Brandau, H. (Hrsg.) (1991): Supervision aus systemischer Sicht. Salzburg (Otto Müller).

Buchinger, K. (1998): Supervision in Organisationen. Den Wandel begleiten. Heidelberg (Carl-Auer).

Cecchin, G., G. Lane u. W. A. Ray (1993): Respektlosigkeit. Provokative Strategien für Therapeuten. Heidelberg (Carl-Auer), 4. Aufl. 2005.

Ciompi, L. (1982): Affektlogik. Stuttgart (Klett-Cotta).

Ciompi, L. (1997): Die emotionalen Grundlagen des Denkens – Entwurf einer fraktalen Affektlogik. Göttingen (Vandenhoeck & Ruprecht).

Deissler, K. G. et al (1994): „Sozialer Konstruktionismus?" – Ein Interview mit Ken Gergen. *Zeitschrift für systemische Therapie* 12 (4): 118–126.

De Jong, P. u. I. Kim Berg (2008): Lösungen (er)finden. Dortmund (Modernes Lernen), 6., verb. und erw. Aufl.

de Shazer, S. (1992): Der Dreh. Überraschende Wendungen und Lösungen in der Kurzzeittherapie. Heidelberg (Carl-Auer), 10. Aufl. 2008.

de Shazer, S. (2009): Worte waren ursprünglich Zauber. Heidelberg (Carl-Auer).

Ebbecke-Nohlen, A. (1994): Auftrag und Spiel im Interaktionsprozeß von Supervision. In: H. Pühl (Hrsg): Handbuch der Supervision. Berlin (Volker Spiess), S. 37–51.

Ebbecke-Nohlen, A. (1997): Supervision zwischen Auftragsklärung und Prozessgestaltung. Spielräume systemischer Supervision. *Zeitschrift für systemische Therapie* 15 (1): 22–34.

Ebbecke-Nohlen, A. (1999): Perspektivenwechsel in der Supervision. Der Supervisionswalzer. *Zeitschrift für systemische Therapie* 17 (4): 258–267.

Ebbecke-Nohlen, A. (2000): Systemische Teamsupervision – Ein Spiel mit den Spielregeln. In: M. Vogt-Hillmann (Hrsg.): Gelöst und los – Systemische und lösungsorientierte Perspektiven in Supervision und Organisationsberatung. Dortmund (Borgmann), S. 133–148.

Ebbecke-Nohlen, A. (2003): Immer dann, wenn wir in Bewegung sind, sind wir auch erfolgreicher in unserem Tun und im Erweitern unserer Möglichkeiten. In: H. Hercher u. H. J. Kersting (Hrsg.): Systemische Supervision im Gespräch. Aachen (IBS), S. 141–169.

Eigen, M. u. R. Winkler (1975): Das Spiel. Naturgesetze steuern den Zufall. München/Zürich (Piper).

Erickson, M. H. (2006): Meine Stimme begleitet Sie überallhin. Ein Lehrseminar mit Milton H. Erickson. Stuttgart (Klett-Cotta), 9. Aufl.

Fellermann, J., Gephart, H., Kinzinger, W., Kreller, H., Levold, T., Michelmann, A., Schweers, G. & Wilker, F.-W. (2005): Vorwort. In: Supervision, Verbändeforum (Hrsg): Die Zukunft der Supervision zwischen Person und Organisation. Neue Herausforderungen – Neue Ideen. Köln (Eigenverlag), S. 5–6.

Foerster, H. von (1993): KybernEthik. Berlin (Merve).

Foerster, H. von u. B. Pörksen (2004): Wahrheit ist die Erfindung eines Lügners. Gespräche für Skeptiker. Heidelberg (Carl-Auer), 8. Aufl. 2008.

Gadamer, H.-G. (1990): Hermeneutik I. Wahrheit und Methode. Grundzüge einer philosophischen Hermeneutik. Tübingen (Mohr Siebeck).

Glasersfeld, E. von (1978): Einführung in den radikalen Konstruktivismus. In: P. Watzlawick (Hrsg.): Die erfundene Wirklichkeit. Wie wissen wir, was wir zu glauben wissen? Beiträge zum Konstruktivismus. München (Piper), S. 16–38.

Glasersfeld, E. von (1985): Konstruktion der Wirklichkeit und des Begriffs der Objektivität. In: H. Gumin und A. Mohler (Hrsg.): Einführung in den Konstruktivismus. München (Piper), S. 1–26.

Glasersfeld, E. von (1991): Abschied von der Objektivität. In: P. Watzlawick (Hrsg.): Das Auge des Betrachters. Beiträge zum Konstruktivismus. Heidelberg (Carl-Auer), 2. Aufl. 2008, S. 17–30.

Goolishian, H. a. H. Anderson (1987): Language Systems and Therapy – An Evolving Idea. *Psychotherapy* 24: 529–538.

Hamann, Barbara (2002): Gendersensitivity – neudeutsch, oder wie Supervisor/innenmit Hilfe eines geschlechtsbezogenen, emanzipatorischen Erkenntnisinteresses in der Supervision einen Beitrag zu mehr Geschlechterdemokratie leisten können. In: Das Gepfeffertes Ferkel – Online-Journal für systemisches Denken. Verfügbar unter: www.ibs-networld.de/ferkel [7. 9.2004].

Haye, B. u. J. Linke (2003): „Systemische Supervision heißt in der Beobachtung zweiter Ordnung eine Metaperspektive einnehmen." Ein Gespräch mit Britta Haye und Jürgen Linke. In: H. Hercher u. H. Kersting (Hrsg): Systemische Supervision im Gespräch. Entwicklungen und Konzepte im deutschen Sprachraum. Aachen (IBS), S. 173–201.

Hejl, P. M. (1995): Ethik, Konstruktivismus und gesellschaftliche Selbstregelung. In: G. Rusch u. J. Schmidt (Hrsg): Konstruktivismus und Ethik. Frankfurt am Main (Suhrkamp) , S. 28–121.

Kersting, H. (1995): Zirkelzeichen. Supervision als konstruktivistische Beratung. Aachen (IBS).

Krüll, M. (1991): Psychotherapie und Ethik – in systemisch-konstruktivistischer Sichtweise. Ethik und Sozialwissenschaften. *Streitforum für Erwägungskultur* 3: 431–439.

Luhmann, N. (1984): Soziale Systeme – Grundriß einer allgemeinen Theorie. Frankfurt am Main (Suhrkamp).

Maturana, H. R. (1982): Erkennen: Die Organisation und Verkörperung von Wirklichkeit. Braunschweig (Vieweg).

Maturana, H. R. u. F. J. Varela (1987): Der Baum der Erkenntnis. Die biologischen Wurzeln des menschlichen Erkennens. Bern/München/Wien (Scherz).

Maturana, H. R. (1994): Was ist Erkennen? München (Piper).

Moreno, J. L. u. H. Petzold (Hrsg.) (1981): Soziometrie als experimentelle Methode. Paderborn (Junfermann).

Petzold, H. (1998): Integrative Supervision – Meta-Consulting und Organisationsentwicklung. Wiesbaden (VS – Verlag für Sozialwissenschaften).

Prigogine, I. (1995): Die Gesetze des Chaos. Frankfurt am Main (Campus).

Pühl, H. (Hrsg.) (1999): Supervision und Organisationsentwicklung. Handbuch der Supervision. Bd. 3. Berlin (Spiess).

Rappe-Giesecke, K. (2003): Supervision für Gruppen und Teams. Heidelberg (Springer).

Ritscher, W. (1996): Systemisch-psychodramatische Supervision in der psychosozialen Arbeit. Theoretische Grundlagen und ihre Anwendung. Eschborn (Klotz).

Rusch, G. u. S. J. Schmidt (Hrsg.) (1995): Konstruktivismus und Ethik. Frankfurt am Main (Suhrkamp).

Satir, V. et al. (1995): Das Satir-Modell. Paderborn (Junfermann).

Schlippe, A. von u. J. Schweitzer (1996): Lehrbuch der systemischen Therapie und Beratung. Göttingen (Vandenhoeck & Ruprecht).

Schmidt, G. (2007): Liebesaffären zwischen Problem und Lösung. Hypnosystemisches Arbeiten in schwierigen Kontexten. Heidelberg (Carl-Auer), 2. Aufl.

Schreyögg, A. (1992): Supervision. Ein integratives Modell. Lehrbuch zu Theorie und Praxis. Paderborn (Junfermann).

Schreyögg, A. (1999): Coaching – Ergänzung oder Alternative zur Organisationsberatung? In: H. Pühl (Hrsg): Supervision und Organisationsentwicklung. Handbuch 3. Opladen (Leske + Budrich), S. 274–281.

Schumacher, B. (1995): Die Balance der Unterscheidung. Zur Form systemischer Beratung und Supervision. Heidelberg (Carl-Auer). Online-Ausgabe (2006), verfügbar unter: http://www.carl-auer.de/programm/978-3-89670-569-3 [7.5.2009].

Schweitzer, J. u. M. Ochs (2003): Systemisch-konstruktivistische Diagnostik. Das Auffinden bisher nicht gesehener Beziehungsmöglichkeiten. In: M. Cierpka (Hrsg): Handbuch der Familiendiagnostik. Heidelberg (Springer), S. 155–171.

Simon, F. B. (2006): Einführung in Systemtheorie und Konstruktivismus. Heidelberg (Carl-Auer), 3. Aufl. 2008.

Simon, F. B. u. C. Rech-Simon (1999): Zirkuläres Fragen. Systemische Therapie in Fallbeispielen: Ein Lernbuch. Heidelberg (Carl-Auer), 8. Aufl. 2009.

Sparrer, I. (2009): Wunder, Lösung und System. Lösungsfokussierte systemische Strukturaufstellungen für Therapie und Organisationsberatung. Heidelberg (Carl-Auer), 5., überarb. Aufl.

Spencer-Brown, G. (1997): Gesetze der Form. Lübeck (Bohmeier).

Varga von Kibéd, M. (2009): Ganz im Gegenteil. Tetralemmaarbeit und andere Grundformen systemischer Strukturaufstellungen – für Querdenker und solche, die es werden wollen. Heidelberg (Carl-Auer), 6., überarb. Aufl.

Watzlawick, P. et al. (1974): Menschliche Kommunikation. Formen, Störungen, Paradoxien. Bern (Huber).

Wiener, N. (1948): Cybernetics or Control and Communication in the Animal and the Machine. Paris (Hermann et Cie)/Cambridge, MA (The MIT Press)/New York (Wiley).

Wittgenstein, L. von (1989): Schriften 1. Tractatus logico-philosophicus. Tagebücher 1914–1916. Philosophische Untersuchungen. Frankfurt am Main (Suhrkamp).

Über die Autorin

Andrea Ebbecke-Nohlen, Dipl.-Psych., Psych. Psychotherapeutin, Supervisorin und Lehrende Supervisorin, Erste Vorsitzende des Helm Stierlin Instituts; langjährige Tätigkeit als Psychotherapeutin für systemische Einzel-, Paar- und Familientherapie und als Supervisorin in ambulanten und stationären Kontexten. Schwerpunkte: diagnosenspezifische Psychotherapie, Psychosen, Essstörungen, Depressionen, geschlechtsspezifische Fragen, Sexualität, sexueller Missbrauch, Einzel-, Paar- und Familientherapie, Supervision, Coaching, Entwicklung analoger systemischer Methoden.